“十二五”土地重大科技成果集

"SHI'ERWU" TUDI ZHONGDA KEJI CHENGGUOJI

中国土地勘测规划院　　编著

地质出版社
·北　京·

图书在版编目（CIP）数据

“十二五”土地重大科技成果集／中国土地勘测规划院编著．—北京：地质出版社，2016.6
ISBN 978-7-116-09798-8

Ⅰ．①十… Ⅱ．①中… Ⅲ．①土地规划－勘测－科技成果－中国－2011～2015 Ⅳ．①F321.1

中国版本图书馆 CIP 数据核字(2016)第 152136 号

责任编辑：蔡　莹
责任校对：王素荣
出版发行：地质出版社
社址邮编：北京海淀区学院路 31 号，100083
电　　话：(010) 66554528（邮购部）；(010) 66554604（编辑部）
网　　址：http://www.gph.com.cn
传　　真：(010) 66554607
印　　刷：北京地大天成印务有限公司
开　　本：889mm×1194mm 1/16
印　　张：8.25
字　　数：200 千字
版　　次：2016 年 6 月北京第 1 版
印　　次：2016 年 6 月北京第 1 次印刷
定　　价：98.00 元
书　　号：ISBN 978-7-116-09798-8

编 委 会

前言 PREFACE

“十二五”以来，特别是党的十八大以来，党中央高度重视科技创新，创新驱动发展成为国家战略，科技创新被摆在国家发展全局的核心位置。“十二五”期间，在国家“自主创新、重点跨越、支撑发展、引领未来”科技发展方针的指引下，中国土地勘测规划院始终坚持“科技兴地”战略，开拓进取、大胆探索，通过开展重大土地科技问题攻关、加快高新技术的集成和应用，科技条件进一步改善，自主创新能力进一步提升，26 项成果获得国家级、部级科技奖励（19 项为第一完成单位），为国土资源规划、管理、保护和合理利用提供了新理论、新方法和新技术支撑，科技支撑土地资源管理作用日益显现。

为了总结中国土地勘测规划院“十二五”科技工作成绩及经验，展示“十二五”期间科技成果，推进土地科技创新，促进科技成果的推广应用与转化，为做好“十三五”科技工作提供基本经验，我们组织编印了《“十二五”土地重大科技成果集》。本书所列科技成果，是中国土地勘测规划院“十二五”期间实施完成的主要科技项目及成果（包括其他协作单位共同参与），主要涉及土地调查监测、土地规划评价、土地生态和土地政策研究等 4 个方面、29 项，其中：土地资源调查与监测领域 11 项，土地节约集约利用评价与规划领域 9 项，土地生态领域 5 项，土地政策研究和标准领域 4 项。

我们希望通过对这些科技成果的介绍，进一步扩大宣传，推动土地科技工作者互相交流、信息资源共享，也为科技知识普及、科技成果推广应用搭建一个互相交流、科技共享的平台，提升“十三五”土地科技水平，促进和推动科技更好地支撑和服务国土资源管理。

目录 CONTENTS

“十二五”期间土地科技重大成果综述

土地科学和技术创新与进步是支撑、引领国土资源事业科学发展的关键。“十二五”期间,在《国土资源部中长期科学和技术发展规划纲要（2006—2020年)》、《国土资源“十二五”规划纲要》和《国土资源“十二五”科学和技术发展规划》等的指导下，在“科技兴地”战略的指引下，围绕科技创新支撑国土资源事业发展，中国土地勘测规划院组织实施了一系列国家科技支撑计划项目、国土资源公益性行业科研专项和土地资源调查监测评价重大工程专项等，突破了一系列关键技术，取得了一大批高水平的理论和应用成果，为我国土地节约集约利用、新型城镇化建设和国土资源事业发展提供了有力的科技支撑。

一、土地资源调查与监测领域

1. 全面完成了第二次全国土地调查，全面查清了全国土地利用状况，掌握了各类土地资源家底

首次采用统一的土地利用分类国家标准，首次采用政府统一组织、地方实地调查、国家掌控质量的组织模式，首次采用覆盖全国遥感影像的调查底图，全面查清了全国土地利用状况，掌握了各类土地资源家底;全面查清了可开垦土地和可复垦采矿用地的面积、类型、权属和分布情况，建立了耕地后备资源调查评价综合数据库；建成了县、市、省、国家四级土地调查数据库，首次实现了对全国土地利用状况的数字化管理、三维浏览、动态查询和统计分析；建立了土地变更调查新机制，实现了常态化土地利用变化监测，保证了调查成果的现势性。调查成果对准确判断国情国力，客观分析土地资源承载能力、发展潜力和土地管理形势，以及在科学制定国家相关规划和宏观经济决策、支撑资源管理和社会共享服务等方面，发挥了重要作用。

2. 持续推进全国土地变更调查监测与核查工程，监测技术流程与方法、作业体系逐步完善

创建了多源卫星数据联动统筹和快速采集体系，突破了大范围短周期无缝接收技术瓶颈；建立了基于遥感影像特征、满足国土资源管理行业需求的土地利用变更调查遥感监测分类体系；构建了覆盖全国，针对不同土地利用区域、不同影像数据源、不同用地类型的监测图斑影像特征库；研究和构建了多源海量数据自动化、标准化、工程化生产技术体系。监测成果在查清查实用地变化、保证土地调查数据库的现势性，严厉打击土地、矿产违法行为，以及为促进节约集约用地实施监管提供支持，为应对突发事件、查处重大案件提供支持和为国土资源管理政策制定及参与国家宏观调控提供决策依据等方面发挥了重要作用。

3. 创建了全国土地利用宏观监测体系

研究提出了全国土地利用宏观监测指标体系与标准规范，自主研发了土地利用动态遥感监测并行批量处理与协同作业平台，实现了遥感数据并行批量处理和多人大区域信息协同生产，改变了以往单人单任务串联式作业方式，作业效率整体提升 3 倍以上。在国家层面，先后完成了高尔夫球场、城镇建设规模扩展和新增机场、港口码头等年度全国土地利用宏观监测工程；在省级层面，完成了不稳定耕地、县级以上城镇建设规模扩展、长株潭城市群“绿心”、三峡库区土地生态监测等。形成了 50 万以上人口城市建设规模扩展监测和城市群城镇建设规模扩展监测数据库。监测成果在国家发展和改革委员会、国土资源部等管理部门应用，为土地管理重大问题和国家新型城镇化健康发展研究等工作提供了重要的技术支撑作用。

4. 全面推进了城乡一体化地籍调查与全国土地登记信息动态监管查询系统建设

建立了城乡一体化调查与监测指标体系，研发了城乡一体化土地调查与监测信息系统，开展了城乡一体化土地调查与监测数据库建设；开发了全国土地利用信息系统，建立了城镇土地利用数据库；首次构建了全国土地登记信息指标体系，创建了全国土地登记时空数据库，研发了全国土地登记信息动态监管查询系统，首次实现了海量土地登记信息的国家级汇集、融合与统一管理；建立了一整套城镇地籍调查和土地登记信息采集、汇总和动态更新机制，构建了土地登记信息共享应用新模式；研制并发布了《地籍调查规程》等多项行业标准和

技术规范。系统建设成果为各行业、各部门提供了真实可靠的土地登记信息，逐步实现了城镇土地利用数据“越来越准确、越来越全面”，有效支撑了节约集约用地分析、城镇化进程中土地管理制度改革研究等一系列国土资源管理和经济社会发展重大问题研究和决策。

5. 基本建成全国土地基础数据库，并实现持续更新

研制了全国土地基础数据库的技术标准体系，开发了数据存储管理平台，初步实现了海量异构数据集中存储和管理；完成了国家级土地调查数据库、土地规划数据库、城市地价监测数据库建设，首次建成了覆盖全国、详细到地块的海量空间数据库，数据量超过250TB，年更新量近30TB；形成了以土地管理为主，全面支撑我国资源管理工作乃至社会经济发展的基础数据服务体系，目前可提供土地利用、遥感监测、农用地分等定级等各类数据服务、土地基础数据集的元数据和目录查询，以及全国土地利用网格数据等多种数据产品服务。数据成果为国土资源管理提供了现势、翔实、准确的基础数据支撑，并全面应用于水利普查、地理国情普查、第三次农业普查、退耕还林等国家重点工程，为国家减灾委员会、民政部开展汶川、玉树、彝良、芦山、西藏等多个地震灾区抗震救灾等提供了数据支持。

6. 创建了国产卫星业务化应用机制，国产卫星数据业务化保障能力取得新突破

依托资源一号02C卫星工程，探索建立了国产卫星业务应用机制，搭建了土地遥感卫星应用系统框架，初步建立了国家、地方有机互补的土地遥感卫星应用体系，国产卫星对土地资源遥感调查监测工作数据保障支撑能力日益提升，使用占比越来越高，从2007年第二次全国土地调查中国产卫星数据使用占比约为30%，到2012年全国土地利用变更调查监测与核查工程国产卫星数据使用占比约为70%，再到2014年全国土地利用变更调查监测与核查工程国产卫星数据使用占比达到约91%。

二、土地节约集约利用评价与规划领域

1. 首创涵盖区域、城市、开发区的多层次建设用地节约集约利用评价技术体系，填补了国内外土地利用研究和实践领域的空白，成果得到广泛的实践应用

针对建设用地节约集约利用调查评价几近空白、相关机制建设缺乏科学支撑的现状，

首次提出了基于初级集约和次级集约的建设用地节约集约利用评价理论框架，创建了涵盖区域、城市、开发区的多层次建设用地节约集约利用评价技术体系，研制了针对行政区、开发区等节地制度实施及其效果评估的统一标准，填补了国内外土地利用研究和实践领域的空白。研发了建设用地节约集约利用状况评价和潜力测算技术，确立了适应国情的建设用地节约集约利用评价方法论体系。研创了基于双重用地分类的开发区评价调查技术，丰富完善了土地利用调查科技支撑体系。研制了开发区评价成果快速审核与汇交技术，研发了基于海量数据、不同空间层次的建设用地节约集约利用评价与管理信息化软件，推动了国土资源信息化建设。基于试点实践，自主研制并发布 3 项行业标准，在研 6 项行业标准。重大科技伴随评价范围的拓展、深化，先后应用于 30 个直辖市、省会城市，20 个小城市，特别是全国 80% 的地级以上城市和 60% 的县级市建设用地节约集约利用评价工程化实施，近 1600 个开发区四轮评价工作以及国土资源和社会管理服务领域，评价范围逐步拓展到高校、城乡结合部、农村、基础设施等方面，实现了评价工作的全覆盖、规范化、系统化、信息化及综合应用。评价成果有力支撑了国家、部门节约集约用地文件出台，广泛运用于"单位 GDP 地耗下降目标考核"、"国土资源节约集约模范县（市）创建"、"区域规划、土地利用总体规划编制"、"城市更新及低效用地挖潜"、"年度计划指标分解下达"、"土地利用总体规划评估及调整完善"、"开发区用地管理（扩区升级）"等国家、部门、地方国土资源管理实践，成果转化应用成效凸显。

2. 攻克城市化地区产业用地调查技术难题，研发了产业用地集约化利用评价和预警技术，实现了产业用地信息落地

应用面向空间对象的理论和大数据的方法，明确了产业用地对象的划分方法、组成要素和分类体系，确立了产业用地对象的实体关系模型，建立了地籍调查、经济普查等数据的有效关联，攻克了产业用地数据采集、整合与建库的难题。研发了产业活动单位和镇（街）两种数据基础的产业用地调查技术体系，解决了产业用地数据之间一对多、多对一的关联难题，建立了产业用地综合数据库。研发了适应不同经济发展水平的产业用地集约利用评价和预警技术，实现了产业用地规划及相关规划协同耦合。研制了产业用地优化配置与调控管理决策系统。项目应用范围覆盖 10 省 11 市，调查面积总计 2584 平方千米，整合宗地近 16 万宗，实现了 20 万家产业单位信息的落地。

3. 创新和发展了中国城市地价动态监测理论与方法体系，首建全国多级网络化地价监测系统，实现了全国城市规模化的应用

首次提出“监测地价”概念，创新和发展了中国城市地价动态监测理论与方法体系，构建了地价动态监测指标体系，完善了地价时空指标测算与分析模型，丰富了我国地价及地价管理体系，研制、修订了一批国家标准、行业标准。首建国家—省级—城市多级联动、工程化推进的全国地价动态监测网络，构建了覆盖国内 105 个主要城市、6 个省、4 个重点经济区的城市地价动态监测网络，布设国家、省两级标准宗地 17500 余宗，覆盖建成区面积超过全国地级以上城市建成区面积的 70%，采集地价基础属性数据及空间数据超过 2TB。首次形成了跨度 10 余年、时空连续的多层级的地价指标序列及图数一致的成果，监测指标已先后被纳入国土资源统计制度及《中华人民共和国国民经济和社会发展统计公报》、《国土资源公报》，研究报告多次被直接供中央领导参阅的《昨日要情》、《专报信息》采纳，成为中央领导研判宏观形势的基础数据之一，也为地方政府在土地资产总量核算、地价走势研判、出让底价确定、基准地价更新以及闲置土地费测算等基础工作提供依据。

4. 突破了村镇土地节约集约利用调控、潜力挖掘、节地效果评价等节地控制关键技术，为指导村镇建设规划和调控村镇土地利用提供技术支撑

首次建立了村镇土地节约集约利用与调控技术体系，攻破了村镇土地节约集约利用区划技术，实现了村镇土地集约利用区域的快速识别、自动分类和评价结果的有效比较。提出了村镇建设用地潜力挖掘和释放技术，实现了村镇存量建设用地潜力分空间、分时序、分类型的有效利用。提出了村镇节地效果评价的指标体系与评价方法，构建了村镇区域发展综合评价指标体系，研制了村镇建设用地节约集约控制系统。完成了 31 个省级单元和 151 个地级样本单元的村镇土地集约利用评价和主要指标测算，形成标准 3 项。成果在四川、江苏、安徽、北京、山东等典型示范区灾后重建、农村土地综合整治、土地利用规划编制、土地集约利用评价、“国土资源节约集约利用模范县（市）”建设等工作中得到应用和验证，为市（县）国土、建设等部门指导村镇建设规划和调控村镇土地利用提供技术支撑，为社会主义新农村建设和建立节约型社会提供决策依据。

5. 发展了土地综合承载力评价技术方法，整合提升了国土规划理论方法，形成了适用于我国国情的国土规划编制技术，支撑了国家和区域国土规划编制工作

创新性地将“底线思维”和“木桶效应”理论应用到土地承载力评价工作，形成普适性的土地综合承载力评价技术方法和业务模式。指导上海市、南昌市、兰州市、呼和浩特市、雅安市等 5 个城市，桂西资源富集区、长株潭城市群、江苏沿海地区、山东半岛城市群、杭嘉湖平原等 5 个重点地区，编制完成土地综合承载力评价报告和基础数据集。形成了土地综合承载力评价技术规范，成果应用于《全国国土规划纲要（2014—2030 年）》、《国家新型城镇化规划》、《京津冀协同发展土地利用规划》等国家、区域、地方相关规划的编制过程中，提出了优化国土开发格局，引导人口集聚、产业和城镇发展的良好政策建议。首次编制《全国国土规划纲要（2014—2030 年）》、广西西江经济带及桂西资源富集区等区域国土规划成果，整合提炼资源环境承载力评价、国土空间开发战略和格局优化、区域和城乡发展统筹协调、资源节约集约和生态建设、国土综合整治等有关技术方法，形成了适用于我国国情的国土规划编制技术，填补了我国国土规划编制技术空白。提出了优化国土开发格局，强化资源节约集约利用、生态环境保护和国土综合整治的目标、任务和政策建议，有效支撑了国家和部分区域的国土规划编制和国土资源管理决策。

6. 创新规划协同理论与方法，首建了我国不同等级土地利用总体规划的环境影响评价技术方法体系，深化了土地利用规划评估实施方法，成果取得显著成效

规划协同的理论与技术方法取得一定成效。创新土地利用规划理念，重视土地利用规划对生态环境的影响，促进公众参与规划编制，构建了多方利益协调的土地利用规划；探索了“三线划定”、“多规合一”的技术方法与路径，提高了规划质量与实施效果，为土地利用管理提供科学依据。土地利用规划环境影响评价理论方法取得重大进展。发展了土地利用规模和结构调整、建设用地空间布局、基本农田布局的环境影响评价方法，构建了地震灾后自然生态系统损失评估模型。首次编制了《省级土地利用总体规划环境影响评价技术指引》（国土资发〔2005〕277 号）和《市级土地利用总体规划环境影响评价技术规范（试行）》（国土资厅发〔2009〕79 号）等行业标准，规范和指导了 31 个省级和 300 多个市级土地利用总体规划环境影响评价工作。在北京市、上海市开展了土地规划环评实践，为促进特大城市社会、经济和环境可持续发展提供重要支撑。在第一时间内快速评估了青海玉树地震对区域生态系统的影响，为玉树灾后重建土地利用专项规划编制提供了重要支撑。

7. 研创了综合分区智能化与规划实施综合评估技术，国土空间优化配置领域取得重大进展

综合分区智能化与规划实施综合评估技术取得重大进展。从“三生”空间划定出发，构建了尺度降维的省级国土空间多功能识别方法。引入改进的蚁群算法，针对不同目标对国土空间功能进行优化，满足了未来国土空间综合分区的需要，增强了分区方案的合理性，提高了分区自动化实现程度，为实现“多规合一”做出了有益探索。提出了规划的“价值—目标—手段—结果”识别方法，探索建立了逻辑分析、经济分析和实施分析的过程评估技术，有效评估了规划实施的影响因素和效果。强化了土地利用的用途管制技术，突破了大尺度村镇建设用地遥感监测的抽样技术，保证了抽样区域能具有很好的代表性，监测结果将更为准确。

三、土地生态领域

1. 开展了典型区域土地资源数量—质量—生态监测及持续利用应用示范，建成 6 个土地资源数量—质量—生态监测与持续利用野外科研基地

项目以满足土地管理从单纯数量管理向“数量—质量—生态”并重转变需求为目标，立足东部经济快速发展区、中部粮食主产区、西部生态环境敏感地区、西南统筹城乡实验区等 6 个土地资源数量—质量—生态监测与持续利用野外科研基地建设；研发开发和改进土地资源时空多级网格数据管理与平台建设技术、土地资源数量—质量—生态监测技术和优质耕地划定等土地资源数量—质量—生态监测关键技术，并开展新技术的试验与示范应用；应用“3S”、计算机网络、信息通信等技术，构建土地资源数量—质量—生态监测与管护服务平台，将实现从农户调查、基地实验，到地方、区域直至国家尺度遥感数据的多源、多类型、多尺度数据信息的综合集成，能够实现对于大尺度、多目标、热点区域土地资源及变化信息的快速获取与对比分析。促进土地资源领域产学研用的结合，培养基层土地科技队伍，推进土地科技基础能力建设，为国家土地资源综合监测系统构建提供技术支撑。

2. 构建了生态用地分类标准和生态用地网格化管理中的代码结构、编码方法和规则，完成了生态用地网格化管护服务系统框架构建

开展了区域尺度生态用地网格化管护预研究与示范，通过土地生态前沿研究，构建

生态用地分类体系和分类标准，以生态用地的网格化监控管理为重点，开展了基于新型遥感数据的生态用地信息提取与挖掘研究，探索研究了生态用地遥感监测信息网格化管理的时空多级网格划分与编码方法、基于网格化的生态用地信息时空数据整合与管护服务系统构建中的关键理论方法问题，构建了生态用地分类标准，形成了生态用地网格化管理中的网格编码中的代码结构、编码方法和规则，完成了生态用地网格化管护服务系统框架构建，根据项目提出的生态用地分类体系，对杜蒙县生态用地进行了信息提取，完成了对杜蒙县300个点位的外业调查，为实现全国生态用地网格化管护奠定了坚实的技术基础，促进了土地数量、质量和生态综合发展模式的转变，推动了土地资源数字化、精细化、动态化管理，带动了土地科学技术的集成与原始创新。

3. 开展了在边际土地上种植能源作物的潜力评价及效应研究

通过科学认识我国可用于非粮能源作物种植的边际土地总量及空间分布格局，以及最大能源生产潜力，全面了解大面积种植能源作物对自然、社会、经济等方面的影响，评价边际土地种植能源作物发展生物能源的生产潜力，系统总结在边际土地上种植能源作物的多方面效应，从土地利用的角度提出了在我国不同区域科学发展生物能源战略的合理化政策建议。

4. 开展了发展生物能源引发的土地利用问题及其内在影响机制研究

从土地资源的视角，通过文献综述、GIS技术、农户调查问卷、投入产出分析等手段分析生物能源引发的土地利用问题及内在影响机制，能正确认识非粮能源作物在我国种植的生产潜力及其对耕地利用变化的内在影响机制，为政府制定土地管理、价格保护、农业补贴等宏观调控措施，制定合理可行的生物能源发展目标及实现方式提供了科学依据，研究成果可以直接应用于我国的土地利用、生物能源战略、粮食安全保障等具体实践。

四、土地政策研究和标准领域

1. 开展了“十二五”土地管理重大问题研究，提出了“十二五”期间进一步加强和改进土地管理的工作思路和对策

项目立足于我国土地管理实践，对“十一五”时期土地管理工作进行系统总结，对现

行土地管理制度执行情况进行评估，对当前和今后一个时期面临的突出问题进行认真梳理，深入研究中央重视和社会广泛关注的土地财政和社会问题，首次对“地耗”概念内涵及其度量评价进行了系统研究，提出了“十二五”期间进一步加强和改进土地管理的工作思路和对策。项目成果为国土资源部总结“十一五”、谋划“十二五”土地管理、部署年度工作任务发挥了积极、重要的决策支撑作用，切实推动了土地管理制度与政策的改革完善进程，对加强和改善土地管理具有重要意义。

2. 促进了城镇化健康发展的土地管理制度改革研究，系统完成了新型城镇化健康发展的土地制度改革路径顶层设计

精准提出了新形势下中国土地制度改革的底线、原则、总体思路和基本路径，系统提出了 7 大方面 27 条具体改革建议。创建了集多领域理论技术于一体的新型政策制度研究模式。发展了基于遥感数据、地理信息、土地规划等多元数据融合的城市扩展边界识别方法；发展了资源空间承载对城镇化发展的约束分析方法。研究成果为十八届三中全会决定起草、中央经济工作会议、中央城镇化工作会议、中央农村工作会议文件起草，以及《国家新型城镇化规划》编制提供了重要的参考。

3. 开展农用地转用征收环节土地税费设置与绩效分析，实现了我国土地政策研究的横向拓展

项目围绕耕地占用税立法过程中涉及的关键性问题，以农用地转用征收环节主要土地税费为研究对象，提出了各项税费的功能取向和作用机制，系统分析相关税费构成的合理性及其耕地保护绩效，探索土地税费间的相互关系，进而分析有关税费设置的合理性，寻求相关税费的改进和完善空间，政策建议在征地管理、切实维护农民权益、《中华人民共和国土地管理法》修订工作等方面得到应用。

4. 修订土地基本术语等 6 项标准，提高了土地资源管理标准化技术水平

坚持协调配套、突出重点、技术进步和国际接轨的原则，以国土资源需求为导向，以国土资源标准体系建设为基础，借鉴和引进国际先进标准，研制修订了《土地基本术语》、《城镇地籍调查规程》、《土地利用动态遥感监测规程》、《耕地后备资源调查与评价技术规程（修订稿）》、《城镇土地估价规程》和《城镇土地分等定级规程》等标准，其中 4 项标准已发布使用。

新标准的使用，无疑将会提高土地管理标准化技术水平，解决当前土地管理技术标准标龄长、老化严重、结构不合理等突出问题，更好地发挥土地资源节约集约利用技术对土地资源利用和社会经济持续发展的支撑作用，产生良好的技术、经济和社会效益。

第一篇

土地资源调查与监测领域

第二次全国土地调查

一、成果基本情况

主要完成人：高延利、张建平、李宪文、孙毅、李万东、汪秀莲、唐程杰、杨冀红、周连芳、白晓飞、曾巍、梁耘、曾珏、高莉、辛丽璇、李琪、宋海荣、温礼、史良树、战鹰、吴海平、李涛、许实、张利卫等。[1]

任务来源及编号：重大专项项目"第二次全国土地调查"。

任务起止时间：2006 年 12 月－2009 年 12 月。

第二次全国土地调查是一次重大的国情国力调查。自 1996 年完成第一次全国土地调查以来，我国经济社会有了很大发展，城乡面貌以及土地利用状况均发生了巨大变化，原有的土地数据已不能满足土地管理和中央有关宏观决策的需要。2006 年 12 月，国务院下发《关于开展第二次全国土地调查的通知》（国发〔2006〕38 号），部署开展第二次全国土地调查，成立了由国家发展与改革委员会、民政部、财政部、国土资源部、环保部、住房与建设部、水利部、农业部、统计局、林业局等多个部门组成的

▲ 第二次全国土地调查新闻发布会

[1] 该处所列的主要完成人为中国土地勘测规划院人员，未包括其他单位参加人员。

领导小组。省、市、县相应成立了领导小组和办公室。2007 年 6 月，国务院召开电视电话会议，全面启动第二次全国土地调查工作。调查工作历时三年，国家和地方财政共投入 150 亿元经费，全国 20 多万干部职工和技术人员投身这样工作，经过全国各级土地调查办周密组织，创新方法，攻坚克难，全面完成调查工作。2013 年 12 月 30 日，经中央政治局会议审议通过，二次调查成果向社会公布。

二、主要成果

（1）全面查清了全国土地利用现状，掌握了各类土地资源底数。以县为单位，以 2009 年 12 月 31 日为标准时点，全面查清了耕地等各类土地的利用现状、基本农田面积、国家与集体土地所有权权属界线等，汇总形成了全国各级行政辖区内各类土地面积。实现了全国各类土地调查范围的全覆盖，解决了长期以来土地调查标准口径不统一、地类范围重叠、土地数据交叉等问题。

按 2009 年 12 月 31 日标准时点汇总，全国耕地 20.31 亿亩，园地 2.22 亿亩，林地 38.09 亿亩，草地 43.10 亿亩，城镇村及工矿用地 4.31 亿亩，交通运输用地 1.19 亿亩，水域及水利设施用地 6.40 亿亩。

（2）建成了全国土地利用基础数据库，实现了调查成果管理的数字化。自下而上，建成了县、市、省、国家四级土地调查数据库，国家级数据库数据量达 75TB。数据库由遥感影像数据、土地利用图形数据和属性数据构成，包括每一块土地的用途、权属、界线、面积，所有基本农田地块信息，各级行政界线以及村级界线。首次实现了对全国土地利用状况的数字化管理、三维浏览、动态查询和统计分析。

（3）建立了土地变更调查新机制，实现了常态化土地利用变化监测。在 2009 年标准时点数据基础上，按照第二次全国土地调查的工作制度、分类标准、组织流程和技术手段，建立了土地变更调查新机制。2010 年之后，每年运用新机制开展年度土地变更调查，更新各级第二次全国土地调查成果，维护了调查成果的现势性。

（4）构建了国土资源管理“一张图”和综合监管平台，提升了国土资源管理能力。在第二次全国土地调查数据库基础上，叠加土地管理、矿产资源、地质环境等数据，形成了全国国土资源管理“一张图”，构建了“批、供、用、补、查”综合监管平台，实现了国土资源监管的“天上看、地上查、网上管”。21 个省（区、市）基于土地调查数据库，建立了国土资源管理“一张图”和综合监管平台。各省（区、市）在制订“十二五”规划等相关工作中，已经把第二次全国土地调查成果作为重要参考。

三、主要创新点

（1）建立了城乡统一的土地分类国家标准，出台了系列土地调查的技术规范。通过第二次全国土地调查的开展，出台了《土地调查条例》（国务院令第518号），健全了土地调查制度；颁布了《土地利用现状分类》（GB/T 21010—2007），建立了城乡统一的土地利用现状分类国家标准体系；出台了《第二次全国土地调查技术规程》等一系列技术规范，大大推动了新形势、新技术条件下土地调查技术的科学化和标准化。

（2）首创了“三下两上”的土地调查组织模式。具体为：“一下”是国家统一购置遥感数据，制作遥感影像图下发各地，作为地方实地调查的基础。“一上”是地方开展实地调查，调查结果上图、入库，经逐级检查后上报。“二下”是国家组织专业人员，比照遥感影像，逐地块对调查结果进行内业核查，将发现的问题交给地方进行实地复核纠正。“二上”是地方对疑问地块信息进行实地比对，将核实纠正后的调查结果上报。“三下”是对仍然难以认定的地块信息，由国家直接组织专业人员到实地检查。“三下两上”模式的创立，高效有序地组织和聚合了国家、地方各级调查力量，明确分工，各司其职，各负其责，有效提高了调查的工作效率，保障了调查成果质量，杜绝了弄虚作假现象，确保了调查数据的客观、真实、准确。

▲ 王世元副部长赴四川调研

▲ 国家级督查检查

（3）首次全面采用最新高分辨率航空、航天遥感影像作为调查基础底图。第二次全国土地调查在充分使用调查当期的遥感数据的情况下，充分应用航空、航天遥感技术，组织、协调国内、外卫星和航摄飞机进行拍摄，发展了遥感影像大批量快速处理和成图技术，在短短一年多的时间内，首次实现了全国高分辨率遥感影像的全覆盖，并按照统一的技术标准制作生产了全国范围的正射影像调查底图，作为外业调查的基础。现势性高分辨率遥感影像的全面应用，大幅提高了土地调查的作业效率，充分保障了调查成果的空间精度、成图质量和一致性，确保了数据成果的客观真实。

（4）首次采用椭球面积进行土地调查面积的统计。第二次全国土地调查中首次采用了椭球面积替代投影面积，进行土地面积的计算和统计汇总。椭球面积的计算和使用，有效地避免了传统面积量算方法在大范围面积计算时造成的投影误差的累积，得到了更加准确的全国国土面积和各类土地面积，有效提高了面积统计的精度。

（5）大范围采用大比例尺调查和成图。第二次全国土地调查采用 1∶1 万或更大比例尺调查的面积占全国面积的 68% 以上，基本覆盖了全国的农业区。其余地区也均采用了 1∶5 万的调查比例尺。尤其在中、西部地区，比例尺水平相对于第一次全国土地调查有了大幅度的提升。调查比例尺的提高，有效地提升了调查精度，为调查数据的图数一致创造了条件，为落实以图管地打下了基础，对提升中、西部地区的土地管理水平具有重大意义。

（6）首次建立了全国土地基础数据库，实现了全国土地调查数据管理的信息化。在第二次全国土地调查成果的基础上，自下而上，分别建成了县、市、省、国家四级土地基础数据库。其中国家级数据库数据量达 75TB，包括遥感影像数据、土地利用图形数据和属性

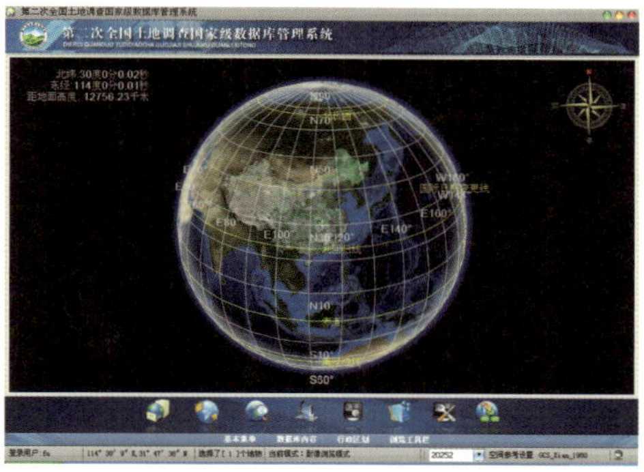

▲ 第二次全国土地调查国家级数据库管理系统主界面

▲ 第二次全国土地调查基本农田数据成果浏览

▲ 第二次全国土地调查影像数据浏览

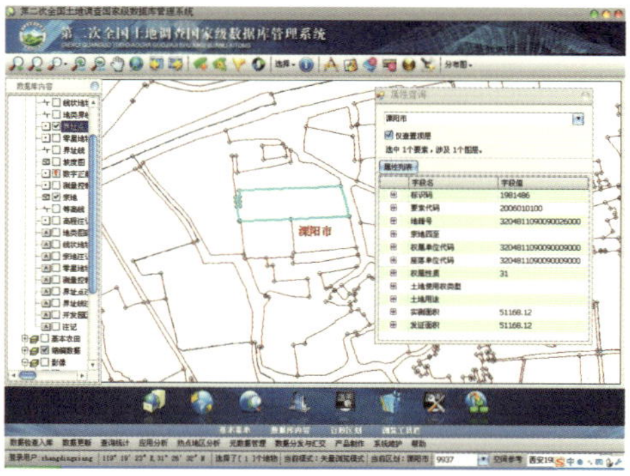

▲ 第二次全国土地调查宗地数据成果浏览

数据，可快速、准确地查询全国每一块土地的用途、权属及其他调查信息，实现了对全国土地利用状况的数字化管理、三维浏览、动态查询和统计分析。

四、成果意义及效益

第二次全国土地调查成果对于准确评估国情国力，客观分析土地资源承载能力、发展潜力和土地管理形势，科学制定国家相关规划和宏观经济决策，支撑资源管理和社会共享服务等，发挥了重要的基础作用。目前，国土资源部在"全国土地基础数据库"基础上，叠加土地管理、矿产资源、地质环境等数据，形成了全国国土资源管理"一张图"，构建了"批、供、用、补、查"综合监管平台，实现了国土资源监管的"天上看、地上查、网上管"。按照此模式，全国已有 21 个省（自治区、直辖市）基于土地调查数据库，建立了国土资源管理"一张图"综合监管平台。同时，第二次全国土地调查相关成果已经在地方农业、林业、水利、发改、民政、环保、统计、规划、建设等多个部门使用，特别是在第六次人口普查和第一次水利普查工作中广泛应用，起到了不可或缺的重要作用。此外，在"5・12"汶川地震、"4・14"玉树地震、"7・22"岷县漳县地震和"8・7"舟曲特大泥石流灾害等抗震救灾和灾后重建，林权登记发证、南水北调、社会治安综合治理、警用地理信息平台建设、"以地控税"等工作中，第二次全国土地调查成果数据均发挥了重大作用。

▲ 第二次全国土地调查成果应用

全国土地利用变更调查

一、成果基本情况

主要完成人：高延利、李宪文、刘顺喜、汪秀莲、孙毅、李万东、唐程杰、温礼、吴海平、张荣慧、柴渊、杨冀红、宋海荣、曾珏、高莉、陈涛、史良树、周灵霞、王锦、战鹰、蒋科、许实、王建萍等。

任务来源及编号：国土资源部重大专项项目“全国土地利用变更调查监测与核查”。

任务起止时间：2010 年至今。

知识产权支持与获奖情况：成果取得软件著作权 4 项；“2011/2012 年度全国土地变更调查成果国家级内业核查”成果获 2014 年中国地理信息产业优秀工程银奖；“全国土地利用变更调查遥感监测体系建设与运行”成果获 2014 年国家测绘科技进步一等奖。

二、主要成果

全国土地变更调查是一项公益性、基础性的国情国力调查，第二次全国土地调查于 2009 年顺利完成，为了保持调查数据的现势性，全面掌握全国（除港澳台地区）年度土地利用变化情况，从 2010 年开始，在第二次全国土地调查数据库基础上，每年开展全国土地变更调查工作。

全国土地利用变更调查的重点工作：一是地方向国土资源部综合信息监管平台完善和补充报备各类用地管理信息，开展土地利用现状变更调查、开展基本农田情况调查，更新县级土地调查数据库成果；并根据国家级内、外业核查及数据库质量检查成果，补充、修改和完善变更调查数据成果；二是国家组织开展用地管理信息下发、土地利用现状变化成果核查、用地管理信息审查和标注、国家级数据汇总统计与分析等工作。

自 2010 年以来，已连续 5 个年度开展完成了年度全国土地变更调查工作，查清了 2888 个县（区、市）土地利用和权属变化，形成了丰富的数据、图件、文字报告等成果。

三、主要创新点

1. 技术创新

（1）采用卫星监测与实地调查相结合，用地信息的内业核查与外业核实相结合，调查数据及数据库自动更新维护等新方法，自动分类人机交互核查技术，"3S"一体化外业核查技术等土地调查成果核查新技术，有效提高了工作的自动化和信息化水平，保障了变更调查成果的准确性。

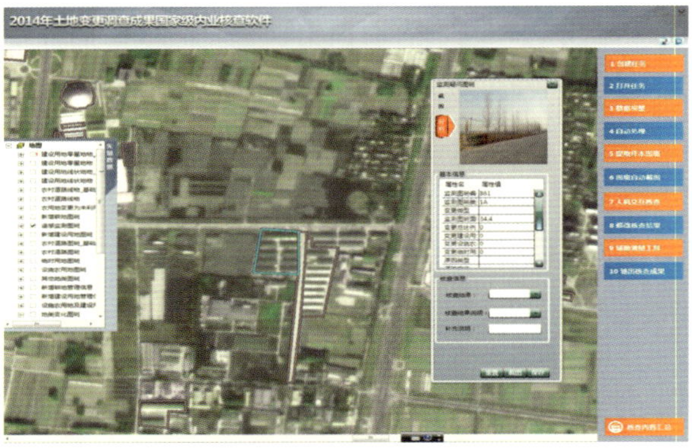

▲ 自动分类人机交互内业核查软件

▲ "3S"一体化的外业核查系统

（2）构建了土地利用变更调查业务化运行体系和一体化流程，实现了变更调查工程化运行、项目实施每个阶段的质量管控平台和全过程的质量评价体系及严格的质量惩处措施三者结合，建立了完整严密的成果质量控制体系。

（3）在现有相关技术标准基础上，制定、完善了《土地利用变更调查技术规定》等相关技术标准，制定并颁布实施了《全国土地利用变更调查监测与核查项目核查及监理工作管理规定》等多项项目管理规定，同时结合项目自身实施特点，建立了监理与检查、项目监管、定期报告、档案管理、保密等多项制度，为项目的顺利实施奠定了基础。

2. 机制创新

（1）为适应"一查多用"的要求，创新机制，按照"多部门分工协作、各司其职、分口把关、分级负责"的原则组织开展，调查成果同时满足国土资源管理"一张图"数据库、国土资源综合监管平台、土地督察等要求，为服务国土资源重点工作提供了核心内容和基础支撑。

（2）采用"三下两上"机制，高效有序地组织国家、地方各级调查力量，明确分工，各司其职，保障了调查成果质量，有效杜绝了弄虚作假现象，确保了调查数据的客观、真实、准确。"一下"即遥感监测成果下发，地方开展变更调查；"一上"即地方上报变更调查成果，国家开展现状核查及管理信息标注，“二下”即用地管理信息下发各地，开展复核工作；“二上”即用地管理信息举证材料上报，开展审查工作；“三下”即用地管理信息控制数据下发各地，完善数据库成果。

四、成果意义及效益

全国土地利用变更调查监测与核查项目实施，是我国增强土地监管能力、提升国土资源管理对宏观调控支持力度的重要举措，具有显著的社会效益。

（1）查清查实用地变化，保证了土地利用数据库的现势性。土地利用变更调查形成了覆盖全国的土地利用现势性数据成果，能够进一步提高国土资源信息化管理水平，有效提升土地调查信息化水平，实现了国土资源决策、管理现代化和服务社会化。

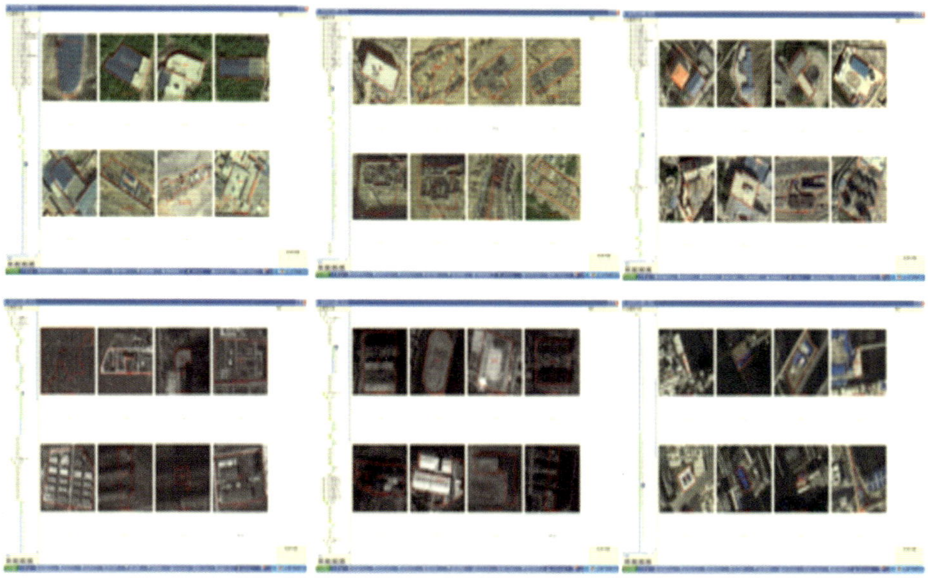

▲　土地利用变更调查样本数据库

（2）有效支撑了土地督察工作。年度变更调查成果为国家土地督察机构提供了准确的土地利用基础数据，为其快速发现和掌握各类违法、违规用地行为提供了支撑，督促了各级政府和土地使用者依法用地，对地方违法违规用地起到了极大的震慑作用。

（3）为国土资源管理“一张图”综合监管平台提供权威的土地利用数据。年度变更调查成果已成为国土资源管理“一张图”综合监管平台的基础内容，在国土调查、规划、审批、耕保、利用、执法等业务中得到全方位应用，提高了国土资源管理部门批后监管能力，逐步建立了信息化、科学化的国土资源监管新模式。

土地利用动态遥感监测

一、成果基本情况

主要完成人：刘顺喜、尤淑撑、纪中奎、周连芳、文强、何宇华、陈岩、吴海平、张荣慧、闫冬梅、刘群利、王友富、蒋星祥、马泽忠、刘军等。

任务来源及编号：国家高技术产业化专项：基于国产资源卫星数据的土地利用宏观监测高技术产业化示范工程；科技部公益性行业专项：基于国产卫星的土地宏观监测应用实验研究；国防科工委民用遥感卫星应用预先研究项目：国产资源卫星遥感数据国土资源规模化应用研究；国土资源部科技项目：CBERS-02B 卫星数据土地利用关键技术研究；国土资源调查评价项目：全国土地利用宏观监测。

知识产权支持与获奖情况：获国家发明专利 1 项，取得软件著作权 4 项，获 2015 年度国土资源科学技术一等奖。具体如下：

（1）基于模型的真色彩转换方法，发明专利，中国，ZL201218002146.1；

（2）土地利用宏观监测并行处理和协同作业系统（2011SR095134）；

（3）宏观监测数据管理系统（2012SR109288）；

（4）宏观监测数据应用系统（2012SR014554）；

（5）宏观监测应用示范系统（2012SR109297）。

二、主要成果

土地利用动态遥感监测已经成为加强耕地保护和促进节约集约利用土地等不可或缺的技术手段。"十二五"期间，针对坚守耕地红线、促进土地节约集约利用和推进生态文明建设等工作的新要求，重点围绕体系建设、监测能力水平提升和国产卫星业务化应用等方面开展技术创新，卫星监管区域范围不断扩大、能力显著增强，实现了从重点城市到全国全覆盖；土地利用动态遥感监测体系逐步完善、土地利用遥感监测技术与能力水平显著提升、土地资源调查监测业务国产卫星数据保障能力逐步提高、监测成果应用深度与广度不断拓展，为国土规划、耕地保护、矿业秩序整顿、城镇化建设等国土资源管理工作提供了重要支撑，带动了国家遥感应用技术与能力水平提升，促进了省级土地资源遥感应用发展。

项目形成了无缝覆盖全国的年度遥感卫星数据约20T；制作年度2884个县级调查单元的DOM入库数据量近30T；提取18类土地利用变化图斑约70万个，累计入库图斑量近270万个；制作2884个县级调查单元土地卫片执法图5万多幅，累计入库20多万幅，形成了改革开放以来84个50万以上人口城市建设规模扩展监测和1990年以来全国地级市及20个城市群城镇建设规模扩展监测数据库，涵盖3大类32种数据产品，入库数据总量超过300T。

三、主要创新点

（1）健全完善了土地利用动态遥感监测体系，实现了从全覆盖监测到全天候监测的能力跃升。一是在卫星遥感技术支撑下，高分辨率全国全覆盖遥感监测技术流程、工作方法、作业体系逐步完善；二是研究提出了土地利用宏观监测指标体系与标准规范，创建了土地利用宏观监测体系；三是适应简政放权、加强监管，启动了土地资源全天候遥感监测试点工作，逐步形成了高精度微观监测与高频次宏观监测相互补充的立体监测体系，为全方位、多尺度、多频次土地利用监管工作提供了重要的技术支撑。

（2）突破了多项遥感数据处理自动化和业务化应用关键技术，进一步提升了土地利用遥感监测技术水平。创建多源卫星数据联动统筹和快速采集体系，突破大范围短周期无缝接收技术瓶颈；构建了基于稀疏和频域相位相关自动匹配技术、多光谱图像条纹噪声判定与去除算法、基于快视图的匀色技术、宏观信息分层分类识别技术等；建立了基于遥感影像特征、满足国土资源管理行业需求的土地利用变更调查遥感监测分类体系；构建了覆盖全国11个不同土地利用区域、20种影像数据源、18种用地类型的监测图斑影像特征库。

（3）建立了自动化、标准化、工程化生产技术体系，改变了传统土地利用动态遥感监测作业生产模式。研究构建了多源海量数据自动化、标准化、工程化生产技术体系。构建了高分辨率全国全覆盖遥感监测业务化运行体系和一体化流程，研发了一套遥感监测生产业务管理系统；开发了多源高分辨率卫星国土资源应用即时服务系统和土地利用宏观监测系统平台；建立了高分土地资源应用示范系统和资源一号02C卫星应用系统。自主研发了土地利用动态遥感监测并行批量处理与协同作业平台，实现了遥感数据并行批量处理和多人大区域信息协同生产，作业效率整体提升3倍以上。

(4) 创建了国产卫星业务化应用机制，国产卫星数据业务化保障能力取得新突破。依托资源一号02C卫星工程，探索建立了国产卫星业务应用机制，搭建了土地遥感卫星应用系统框架，初步建立了国家、地方有机互补的土地遥感卫星应用体系，国产卫星对土地资源遥感调查监测工作数据的保障支撑能力日益提升，使用占比越来越高，从2007年第二次全国土地调查中国产卫星数据使用占比约为30%，到2012年全国土地利用变更调查监测与核查工程国产卫星数据使用占比约为70%，再到2014年全国土地利用变更调查监测与核查工程国产卫星数据使用占比约为91%。

(5) 构建了全国土地利用遥感监测成果数据库，初步实现了监测成果的社会化共享与服务。每年形成约20T的年度土地利用遥感监测数据，制作形成近30T的2884个县级调查单元的DOM和约70万个18类土地利用变化图斑及5万多幅2884个县级调查单元土地卫片执法图，构建形成了完整的年度土地利用遥感监测成果数据库，为多部门应用和共享提供了基础。同时，还形成了改革开放以来84个50万以上人口城市建设规模扩展监测和1990年以来全国地级市及20个城市群城镇建设规模扩展监测数据库，为监测成果的社会共享服务提供了基础资料。

四、成果意义及效益

▲ 土地执法监测图

(1) 直接服务于日常土地资源管理与土地执法监管。监测成果在各级土地资源管理中发挥了重要作用，一是用于严厉打击土地、矿产违法行为。从2010年到2014年，通过土地卫片执法，执法监管形势持续向好，违法违规用地的势头得到遏制，违法占用耕地面积的比例从2008年的14.4%下降到2012年的3.7%。二是为促进节约集约用地实施监管提供了支持。2012年2月，利用遥感监测成果开展了天津市等35个城市170个区县的改进建设用地审批试点城市实施情况评估工作。三是为严守耕地红线，确保国家粮食安全提供支撑。2010年开始重点加强了新增建设用地占用耕地的监测，为土地执法督察提供了重要依据。四是为应对突发事件，查处重大案件提供支持。2014年3月，配合国土资源部落实中央要求和指示，快速制作了2007年及2009—2013年

6 年千岛湖景区周边土地利用卫片监测图，为查处千岛湖周边高尔夫球场、酒店和别墅等违规建设提供多时相直观底图和历史佐证。五是为国土资源管理政策制定及参与国家宏观调控提供决策依据。

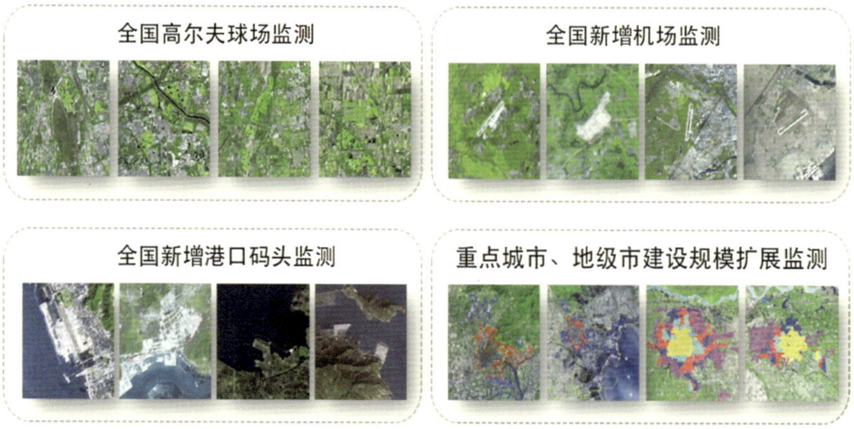

▲　全国土地利用宏观监测成果国家级应用

（2）直接支撑土地资源宏观决策和土地可持续利用研究。在国家层面，2008 年至今先后完成了高尔夫球场、城镇建设规模扩展和新增机场、港口码头等年度全国土地利用宏观监测工程。监测成果在国家发展和改革委员会等 11 个部委高尔夫球场用地清理、土地管理重大问题和国家新型城镇化健康发展研究等工作中发挥了重要作用，社会经济效益显著。

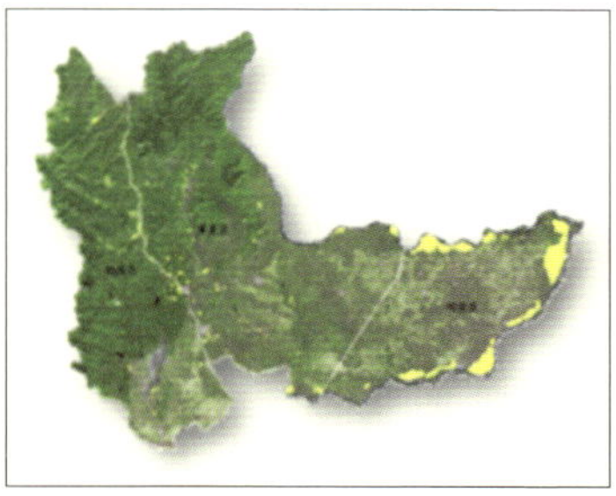

黑龙江省不稳定耕地监测

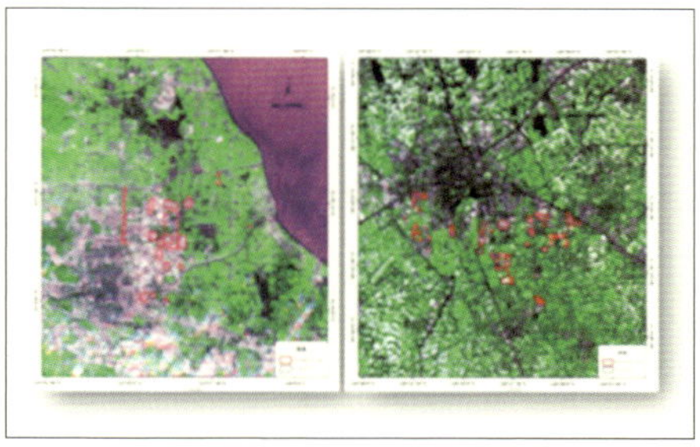

浙江省县级以上城镇建设规模扩展监测

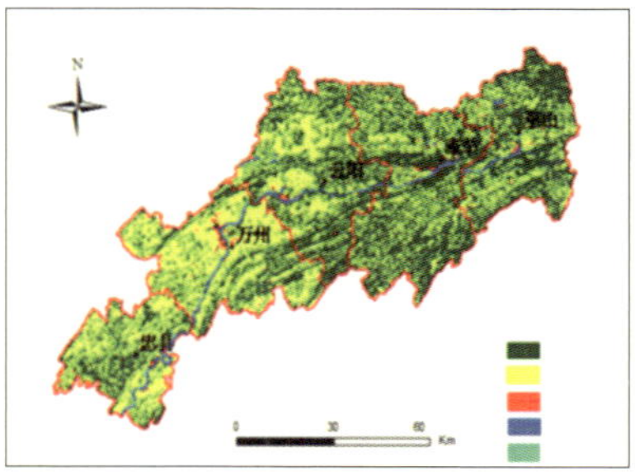

重庆市三峡库区土地生态监测

甘肃省重要生态保护区内耕地变化监测

▲　全国土地利用宏观监测成果省级应用

全国土地基础数据库建设与应用

一、成果基本情况

主要完成人：李宪文、汪秀莲、白晓飞、张定祥、王荣彬、张嘉、季宏伟、何禾、刘莉、黄思红、解琳、耿冲。

任务来源及编号：重大专项项目"第二次全国土地调查""全国土地利用变更调查监测与核查"；国土资源调查评价项目"城乡建设用地集约节约利用评价""中国城市地价动态监测""土地基础数据整合集成与共享平台建设"等。

二、主要成果

建院以来，中国土地勘测规划院先后主持和参与完成了全国土地详查、环北京地区资源与生态环境监测、国土资源大调查土地调查等国家级重大工程，以及中国土地人口承载潜力研究、国家开发区土地利用专题调查等工作，积累了大量的国家级土地基础数据成果。特别是1999年之后相继开展的国土资源大调查"土地资源调查监测工程"和"数字国土"工程、第二次全国土地调查工程、年度土地利用变更调查工程，使土地基础数据成果的数据量呈现出几何级的增长和发展趋势。一方面，海量的土地基础数据迫切需要强大的、统一的数据库集成化管理的环境支撑平台；另一方面，国土资源管理精细化管理、国民经济和社会发展也对土地基础数据的保障支撑能力提出了迫切的、更高的要求。为此，中国土地勘测规划院启动了全国土地基础数据库建设工作。

1. 基础设施建设

结合全国土地基础数据库建设需求，完成了涉密机房建设、软硬件设备购置、数据存储网与内外网络搭建等工作。开发了数据存储管理平台，统一了元数据标准、数据存储备份和迁移策略以及用户管理，初步实现了海量异构数据集中存储和管理，为全国土地基础数据库建设提供了充足的存储空间和科学的存储架构。

2. 数据库建设

以土地调查数据库为核心，建设完成了国家级土地调查数据库、土地规划数据库、城市地价监测数据库等数据库成果，数据量已超过 250TB。其中，国家级土地调查数据库数据量达 193TB，年更新量近 30TB。通过该数据库，国家掌握了全国 1 亿多块土地，1.5 亿多条道路的地类、面积、位置和权属等信息，以及每年 1000 多万块变化土地的相关信息，实现了每年全国覆盖“一张图”，并与国土资源管理“一张图”综合监管平台、九大土地督察局在线督察系统等建立了同步更新机制，为国土资源管理提供了现势、翔实、准确的基础数据支撑。

▲ 姜大明部长观看全国土地基础数据库演示

▲ 王广华副部长为全国土地基础数据库揭牌

3. 标准及制度建设

专门开展了数据库标准及相关管理制度制订工作，完成了《县级土地利用数据库标准》等 10 余项国家标准和行业标准，搭建了全国土地基础数据库的技术标准体系。同时，围绕全国土地基础数据库的运行需求，从数据搜集、数据管理、数据服务、数据安全与保密等多个方面制定了各项管理制度，包括《中国土地勘测规划院保密工作管理办法》、《中国土地勘测规划院项目电子成果汇交要求》、《土地基础数据整合技术规范》、《土地基础数据共享服务规范》等，为全国土地基础数据库成果的统筹管理和整合应用提供了制度保障。

三、主要创新点

全国土地基础数据库的建设，构建了土地基础数据积累、管理、服务与应用的生命周期，创新性地自主设计了土地调查数据的增量更新技术，成为我国首个实际应用于空间数据的更新技术，在我国国土资源管理中发挥了巨大的作用。

首次建成了覆盖全国的、详细到地块的海量空间数据库，实现了国家对每块土地的动态管理和精准掌握。全国土地基础数据库创新性地采用“建库、管理、应用”三位一体的建设方法，在保证各类数据独立性的同时实现了多元基础数据的集成管理，同时利用开放的业务模型库，实现数据的灵活组合与应用，真正意义上达到了土地基础数据一体化管理应用的目标，发挥了土地基础数据的规模效应。

四、成果意义及效益

全国土地基础数据库目前可提供土地利用、遥感监测、农用地分等定级等各类数据服务、20 余个土地基础数据集的元数据和目录查询，以及全国土地利用网格数据等 10 多种数据产品服务。 建设至今，已累计对外提供数百次数据服务，服务数据量超过 200TB，牢固树立了数据的准确性和权威性。服务包括：为国土资源部综合信息监管平台“批、供、用、补、查”各项工作，为国土资源部土地督察和执法及国土规划、京津冀区域规划、促进城镇化健康发展的土地管理制度改革研究等多个重点任务提供数据支持；为国家发展改革委员会、国家基础地理信息中心、住房与城乡建设部、环境保护部、水利部、国家统计局、国家审计署、中国科学院等提供数据服务，数据成果全面应用于水利普查、地理国情普查、第三次农业普查、退耕还林等国家级重点工程；为国家减灾委员会、民政部开展汶川、玉树、彝良、芦山、西藏等多个地震灾区抗震救灾提供紧急数据支援等。已经初步形成了以土地管理为主，支撑我国资源管理工作乃至社会经济发展的基础数据服务体系，切实发挥了“数据库”作用。

2009 年 12 月、2013 年 11 月，李克强总理两次观看国家级土地调查数据库演示，并给予高度评价。2013 年 9 月，张高丽副总理观看国家级土地调查数据库演示，评价数据库“查到了天涯海角”。另外，姜大明部长、王世元副部长、张德霖副部长、王广华副部长以及多位其他部委的领导均视察过全国土地基础数据库建设情况，观看过国家级土地调查数据库演示，建设成果得到了各级领导的充分肯定。

全国土地登记信息动态监管查询系统建设

一、成果基本情况

主要完成人：姜栋、扈传荣、黄亮、何欢乐等。

任务来源及编号：国土资源大调查项目“全国城镇土地利用现状调查数据汇总”(1211070602020)，“城镇土地利用现状与潜力调查”(1211070602019)，“土地登记体系建设试点”(1211070602014)，“城乡一体化地籍综合调查技术模式研究”(1211070602031)；国土资源调查评价项目“全国土地登记与城镇土地利用数据整合汇总”(1211310781009)，“全国土地登记信息动态监管查询系统设计与研发”(DCPJ13110901)，“全国宗地统一编码示范推广与集成应用”(DCPJ141110–01) 等。

知识产权支持与获奖情况：取得 4 项计算机软件著作权：全国土地登记信息动态监管系统 V1.0 (2015SR102669)，城乡一体化土地调查数据处理软件 V2010 (2010SR031687)，城乡一体化土地调查与监测信息系统 V2010 (2010SR031686)，全国城镇土地利用信息系统 (2014SR066591)。

“全国土地登记信息动态监管系统研发与工程应用”获 2015 年度地理信息科技进步一等奖，“全国城镇土地利用信息系统及工程应用”获 2014 年度地理信息科技进步一等奖，“城乡一体化土地调查监测技术与工程应用”获 2012 年度国家测绘科技进步二等奖。

二、主要成果

土地登记信息是最重要、最根本的国土资源管理信息，包含了土地权利、位置、价值、用途、利用状况等关键数据。我国土地登记信息系统建设启动较早，截至目前，95% 的市县建立了涵盖图形、属性信息的登记数据库，85%的市县建立了信息系统；系统越来越完善，记载的信息量越来越大，内容越来越丰富。但联网、共享、查询和分析的水平亟待提高，信息多元化应用潜力亟待挖掘。通过建设全国土地登记动态监管系统，将土地登记信息联网、共享，开展汇总分析和广泛应用，实现全面查询和监管，是深化落实中央发展市场经济实施产权保护的方针和《中华人民共和国宪法》保护产权权益的规定，高效支撑国家宏观调控和社会管理，进一步提高国土资源管理水平，切实转变部门职能、强化社会服务的需要，具有重大的现实和历史意义。

应形势之需，全国土地登记信息动态监管系统建设工作于2012年开始启动，2013年6月正式完成系统研发，截至目前，已在17个省600多个县（市、区）部署应用，完成了县—市—省—国家四级土地登记数据库建设，实现了数据实时动态更新。

三、主要创新点

（1）首次构建了全国土地登记信息指标体系，明确了全国土地登记信息动态监管的基础指标内容与数据结构。首次建立了城乡一体化调查与监测指标体系，构建了区域数据组织结构模型和空间对象模型，实现了多源多尺度空间数据的统一组织与管理。

（2）首次开发了基于SOA（面向服务架构）和国土资源主干网的全国土地登记信息动态监管查询系统，创建了全国土地登记数据时空数据库，实现了海量土地登记信息的国家级汇集融合、统一管理和全国土地总归户，构建了土地登记数据“县—市—省—国家”四级联动更新与一致性保障技术模式。

（3）首次开发了全国城镇土地利用信息系统，建立了全国668个城市和近2万个建制镇城镇土地利用空间数据库，完善了城镇土地利用分析的信息熵、基尼系数等多种研究方法。

（4）首次研制并发布《地籍调查规程》、《宗地代码编制规则》、《不动产单元设定与代码编制规则》和《不动产权籍调查技术方案》等多项行业标准和技术规范，为开展城乡地籍调查和不动产权籍调查等工作提供了技术依据。

（5）结合土地登记信息的多元化应用需求，深入开展土地登记信息多维度统计分析研究，构建土地登记信息共享应用新模式。结合国土资源管理热点、难点、政策实施评估等，分析全国不同类型城镇土地利用结构、效率、强度的时空演变规律和区域差异，揭示了城镇土地利用变化的经济结构和土地政策等内在影响机制。

四、成果意义及效益

全国土地登记信息动态监管系统在浙江省、山东省等17个省（自治区）全面部署实施，完成了668个县的县、市、省和国家级土地登记数据库建设，实现了土地登记数据的整理、汇总和集中统一管理。通过系统建设，大大提高了工作效率，进一步规范了登记发证流程和行为，最大程度上排除了登记过程中存在的风险，切实有效地保护了土地权利人的合法权益。通过建立土地登记信息共享机制，为各行业、各部门提供真实可靠的土地登记信息，其中仅在浙江省，通过土地登记信息动态监管查询系统与地税部门进行定期的信息交换，2014年增收税费39.5亿元。同时，系统建设也为不动产登记信息管理基础平台的设计研发与建设提供了借鉴和实践经验。

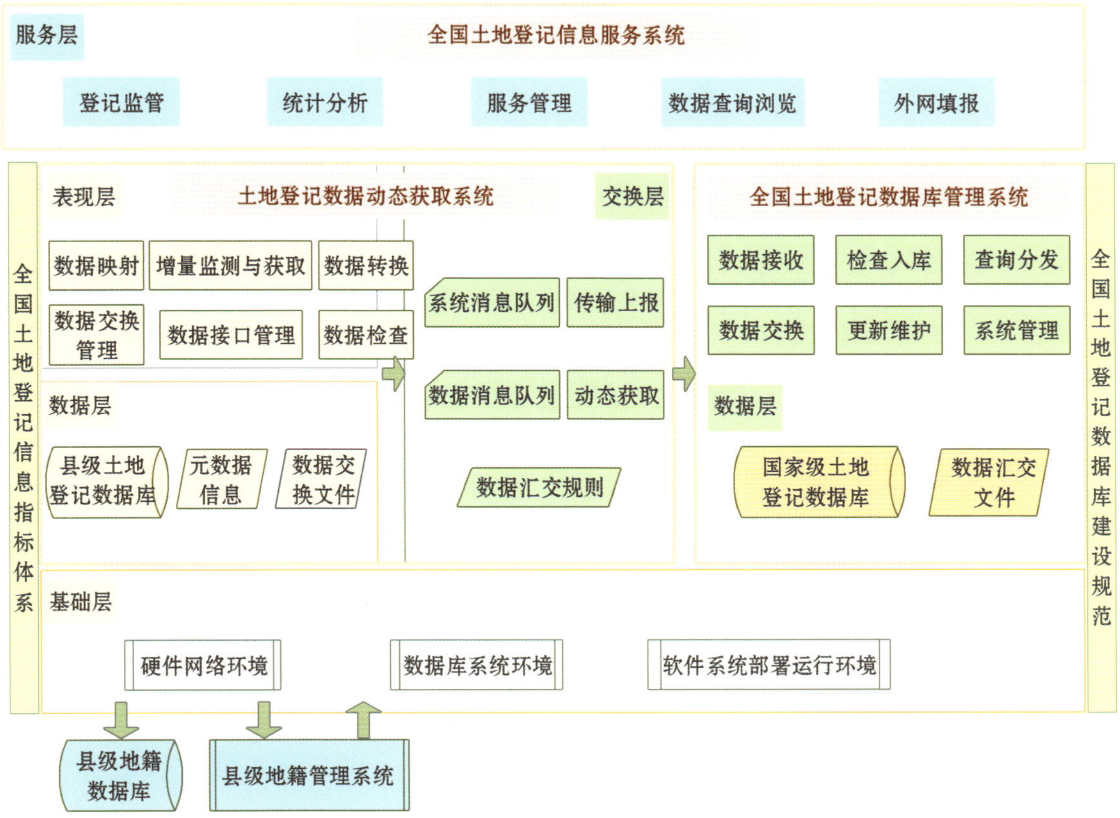

▲ “全国土地登记信息动态监管查询系统”总体框架结构图

通过668个城市、近2万个建制镇启动应用全国城镇土地利用信息系统，实现了城镇土地利用数据从区—市—省—国家的逐级汇总和集成管理，有效支撑了节约集约用地分析、城镇化进程中土地管理制度改革研究等一系列国土资源管理和经济社会发展重大问题的研究和决策。

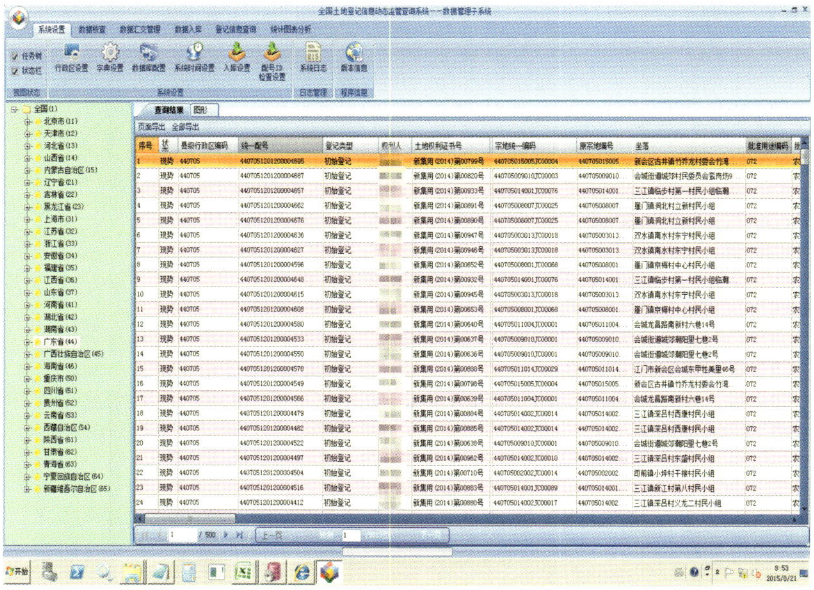

▲ "全国土地登记信息动态监管查询系统——数据管理子系统"主界面

通过制定颁布《地籍调查规程》《宗地代码编制规则》《不动产单元设定与代码编制规则》和《不动产权籍调查技术方案》等相关标准，构建了城乡一体化的地籍调查技术标准体系，初步形成了不动产权籍调查技术规范，为不动产统一登记制度的建立和顺利实施，奠定了坚实的基础。

城乡一体化土地调查监测技术与工程应用

一、成果基本情况

主要完成人：姜栋、黄亮、何欢乐、张建平等。

任务来源及编号：国家“十一五”科技支撑计划项目“城乡一体化土地调查与监测技术研究”(2008BAJ11B07)。

任务起止时间：2008 年 1 月—2010 年 12 月。

验收时间：2010 年 12 月 25 日。

知识产权支持与获奖情况：取得软件著作权两项，获 2012 年度国家测绘科技进步二等奖。

二、主要成果

(1) 研制了两套行业标准。制定了城乡一体化土地调查与监测技术规范和城乡一体化土地调查与监测数据库标准两套技术规范标准，并已在全国国土资源标准化技术委员会土地资源规划调查评价分技术委员会备案。

▲ 两套标准的备案意见

（2）获得两项软件著作权。开发完成了应用于城乡一体化土地调查与监测领域的两套计算机软件，并获得软件著作权两项：城乡一体化土地调查与监测数据处理软件 V2010（登记号 2010SR031687）；城乡一体化土地调查与监测信息系统 V2010（登记号 2010SR031686）。

▲ 软件著作权登记证书

（3）完成了 3 个示范区建设，并在徐州等地进行成果推广应用。将城乡一体化土地调查与监测研究成果在湖北省宜昌市、四川省青神县、山东省寿光市等地进行试点应用，开展了示范区城乡一体化土地调查，建立了城乡一体化调查与监测信息系统，并将信息系统应用于国土政务全过程管理中。在徐州市，以城乡一体化土地调查与监测为基础，实现了信息资源整合以及跨部门业务协同。

（4）通过本课题的研究与生产实践，培养博士研究生 2 人，硕士研究生 6 人，地方骨干 16 人。

三、主要创新点

（1）建立了城乡一体化土地调查与监测指标体系。构建了包括定性指标和定量指标的城乡一体化土地调查与监测指标体系，其中定性指标体系主要包括土地权属调查一体化、土地利用调查一体化、调查的空间模型一体化和调查单元一体化等，定量指标体系主要包括地块编号系统、比例尺系统、坐标系统、高程系统、分幅与编号、界址点精度指标体系等。

（2）建立了以土地利用管理和权属管理为基础的土地调查成果信息化管理模式，构建了区域数据组织管理模型。提出了以地籍要素调查为基础的城乡土地调查模式，突破了土地调查中城乡区域的限制，实现了城乡无差异化调查和管理，很好地解决了原城镇、农村分别管理所带来的城乡区域的动态变化问题，对及时动态管理地籍要素，实时监测土地流转和变化状况，提出了切实可行的管理模式。提出了城乡一体化土地调查与监测区域数据组织管理模型，建立了城乡土地调查各要素数据的逻辑结构和物理结构模型，首次为城乡一体化土地调查与监测建立了基础的数据组织管理模型，为实现城镇和农村地籍的无缝一体化管理，实现权属管理和土地利用管理的一体化提供了理论基础。成果提出和采用的土地调查要素数据组织管理模型及逻辑关系，不仅对地籍管理，而且对国土资源综合办公自动化建设也具有重要的现实意义。

（3）解决了不同比例尺数据的整合集成技术问题。提出了在城乡一体化土地调查与监测实践中，对不同区域、不同调查对象（要素）采用不同调查比例尺的技术处理方法，采用缩编、基于数据要素的视域比例尺设置等技术手段，很好地解决了城乡不同调查比例尺数据的融合，实现了对城乡不同数据基础的一体化土地调查技术的应用和管理。

（4）建立了内外业一体化的土地调查数据更新维护作业模式。将信息化测绘、无线通信、数据库、网络等技术有机结合，灵活应用于城乡一体化土地调查与监测成果数据库变更维护工作中，具有快捷、方便、准确的特点，对提高工作效率、保证数据精度提供了有益的帮助。

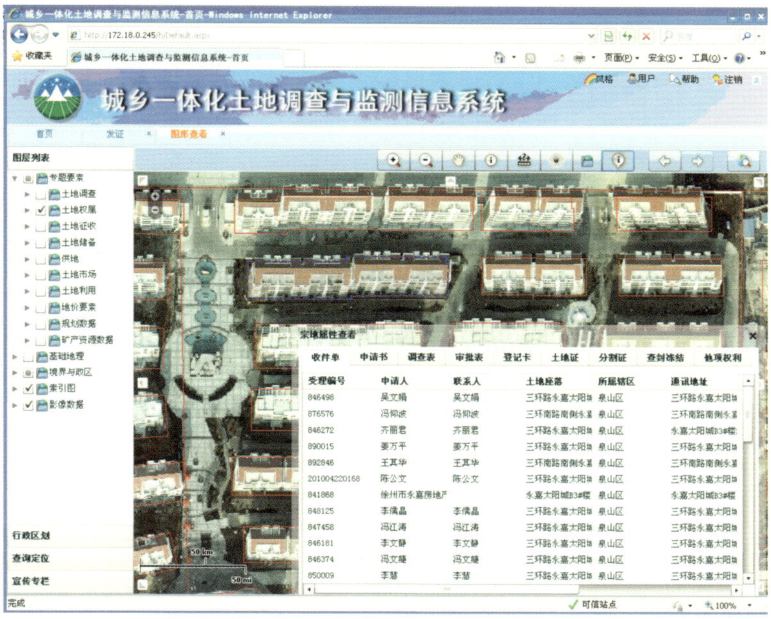

▲　城乡一体化土地调查与监测信息系统

（5）建立了地籍全要素、全过程精细化管理模式。实现了土地征用、土地储备、土地供应、市场出让、土地登记等进行地籍全要素、全过程的精细化管理，审核的空间信息和属性信息等共享查询，促进了政府管理模式的变化、降低了行政成本、提高了行政效率，而且使权力运行过程更加透明、结果更加准确，从源头上有效遏制了暗箱操作，预防了腐败。

四、成果意义及效益

围绕国土资源部重点工作，城乡一体化土地调查与监测指标体系和城乡一体化土地调查与监测空间对象模型等成果为《宗地代码编制规则》的编制奠定了理论基础，加速了规则的制定和出台，有力地推动了全国宗地统一代码编制工作，显著提升了国土资源信息化管理水平。

在成果应用方面，徐州市依据城乡一体化土地调查与监测成果，在其基础上构建基于数据中心的国土资源全程管理信息化体系框架，建立了集影像、图形、属性、文档等数据于一体的、具有互联共享功能的数据库，实现了与国土资源的规划、审批、供应、补充、开发、执法等业务数据叠加，构建了统一的全过程、全要素监管平台，实现了资源动态监测和监管，初步实现国土资源"一张图"管理工程，同时建立长效的数据维护更新和上报机制，不仅促进了政府管理模式的变化、降低了行政成本、提高了行政效率，而且使权力运行过程更加透明、结果更加准确。湖北省宜昌市目前基于调查数据库成果开展了土地登记的网络化和窗口化办公，对国有土地使用权和集体土地所有权，宅基地、集体建设用地使用权等开展了土地登记发证工作。四川省青神县城乡一体化土地调查与监

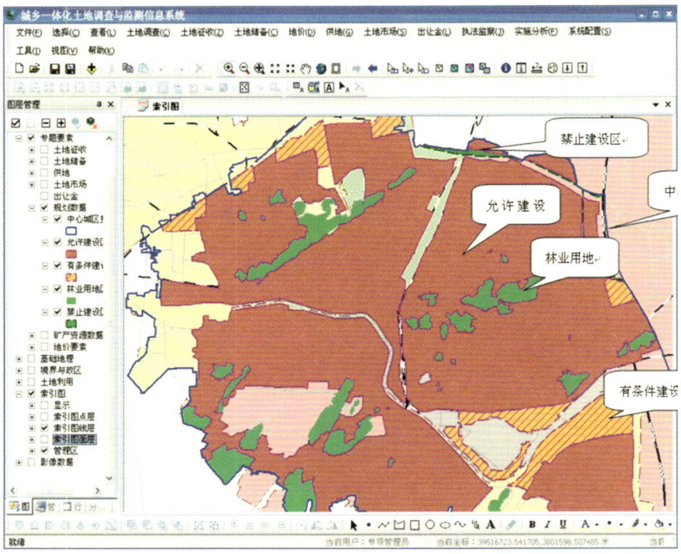

▲ 城乡一体化土地调查与监测信息系统在土地利用规划中的应用

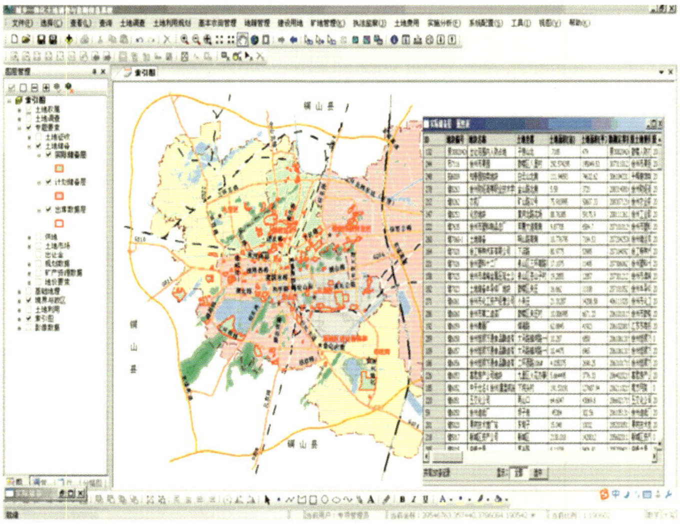

▲ 城乡一体化土地调查与监测信息系统在土地储备中的应用

测信息管理系统已用于土地审批、登记、发证等国土资源管理日常工作，在土地卫片执法工作中，有效利用城乡一体化土地调查与监测数据库叠加土地利用现状矢量图提取疑似违法用地图斑，为“一张图”工程建设奠定基础。同时，借助现有的信息网络及服务系统，依托自然资源和空间地理基础数据库信息平台，实现与各行业的信息共享与数据交换，为各相关部门和社会提供土地基础信息和应用服务。山东省寿光市“一体化”软件系统以流程定制、功能模块搭建等为特点，具有查询、浏览、统计和变更等多种功能，基本能够满足城乡土地权属和利用一体化管理的工作需求，成为土地管理业务基础数据服务的综合平台。

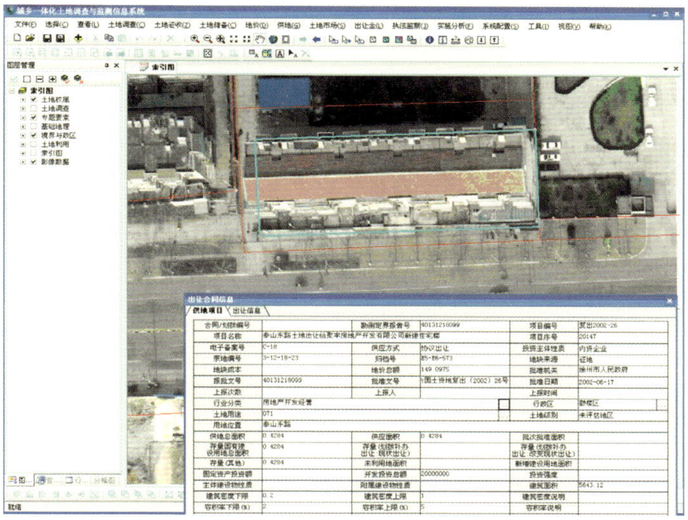

▲ 城乡一体化土地调查与监测信息系统在土地供应中的应用

全国城镇土地利用信息系统及工程应用

一、成果基本情况

主要完成人：姜栋、扈传荣、何欢乐、张述升、张炳智、黄亮、杨祝晖、郭杰、霍淼、侯瑞全、周建春、黄志凌、陈川南、倪建光、杨晓明。

任务来源及编号：国土资源大调查项目“全国城镇土地利用现状调查数据汇总”(1211070602020)，“城镇土地利用现状与潜力调查”(1211070602019)；国土资源调查评价项目“全国土地登记与城镇土地利用数据整合汇总”(1211310781009)。

任务起止时间：2007—2013 年。

验收时间：分年度验收。

知识产权支持与获奖情况：取得软件著作权 1 项（全国城镇土地利用信息系统），获 2014 年地理信息科技进步一等奖。

二、主要成果

耕地大量减少，城乡建设用地利用粗放，城市土地利用结构失衡，是我国城乡土地利用面临的严峻形势。全面掌握土地利用信息是做好国土资源管理工作、有效保护和利用土地资源的前提和基础。城镇作为经济活动的核心区，其土地利用信息，不仅是强化城镇土地利用监管的重要基础，更是城镇化进程中土地管理制度改革等国家决策必须的基础数据。

针对城镇内部土地利用调查的行业规范和信息系统平台缺乏，一直是我国城镇土地利用调查与监管工作亟待解决的瓶颈技术问题。本项目立足国家土地利用调查重大工程，通过突破城镇土地利用信息获取与集成、服务式地理信息系统平台建设、空间数据库与知识挖掘等关键技术，开发了全国城镇土地利用信息系统和调查技术体系，实现对全部城市和建制镇土地利用信息的年度获取、汇总和分析，支撑和保障了国家重大工程的顺利实施与战略的增长需求。

（1）基于工作流和数据流，以国土资源主干网为依托，首次开发了基于 SOA（面向服务架构）的全国土地利用信息系统，实现了城市、建制镇内部土地利用现状细化调查数据采集、智能审核、数据统计、专题分析等全数字化作业，工作效率提高 30% 以上，首创了我国城市、建制镇、村庄圈内土地利用信息获取、管理和应用技术新模式。获得 1 项软件著作权，登记号 2014SR066591。

（2）首次建立了面向城镇土地利用细化调查主题，集成全国范围内数据采集与集成和统一管理与应用的城镇土地利用数据库。构建包含空间分析法、统计分析法、空间管理规则挖掘法、聚类分析法等方法在内的空间数据库分析工具。

（3）首次结合国土资源管理热点、难点、政策实施评估等，分析全国不同类型城镇土地利用结构、效率、强度的时空演变规律和区域差异，揭示了城镇土地利用变化的经济结构和土地政策等内在影响机制。

（4）首次建立了一整套城镇地籍调查、更新和数据汇总机制。

（5）通过项目实施，形成 2009—2012 年全国城镇土地利用状况分析与评价年度总报告 3 份，各类专题报告若干个，出版专著 3 部，发表论文 2 篇。为国家、省级、地市级、县市级层面培养技术骨干人才百余名。

三、主要创新点

（1）基于工作流和数据流，采用面向服务架构（SOA）技术，首次开发了集城镇土地利用现状细化调查数据采集、智能审核、逐级汇总、数据统计和专题分析为一体的全数字化

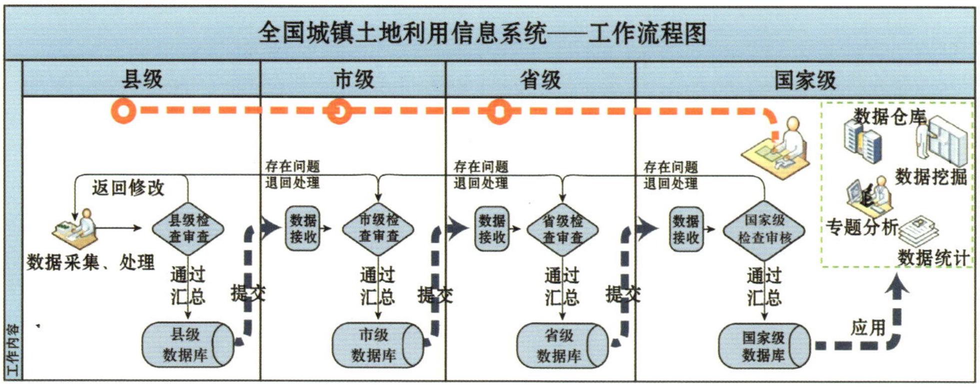

▲ 全国城镇土地利用信息系统工作流程图

作业的全国城镇土地利用信息系统，实现对多源、多类型空间数据的采集、处理与集成管理，适用于国家、省、市、县各级使用。系统具有稳定性、集成性、开放性，使得工作效率至少提高 30% 以上。

（2）首次构建了一套全国城镇土地利用调查、数据更新与汇总的长效机制。以国土资源四级主干网为依托，以每年 12 月 31 日为时点，在国家、省、市、县四级应用全国城镇土地利用信息系统，实现了全国城镇土地利用数据从街道（建制镇）—县（市、区）—市—省—国家的逐级汇总的工程化应用。

（3）首次建立了以全国 660 多个城市和近 2 万个建制镇城镇土地利用为主题的空间数据库。将数据库与 GIS 技术结合应用，将基础地理数据，城镇土地利用数据，其他外延数据等集成在一起，经过数据加工，构建全国城镇土地利用空间数据库。将空间信息作为多维模型的维引入，把空间信息作为分析主题引入，在维和度量中都包含空间信息，解决了空间数据仓库中的海量数据管理和快速访问，实现对数据进行切片、切块、旋转、上卷、下探等联机分析操作。

（4）发展了城镇土地利用分析的信息熵、基尼系数等多种研究方法，将城镇土地利用数据、经济与人口数据、地理空间数据按照时间变化序列进行空间关联规则挖掘，结合国土资源管理的热点、难点、政策实施评估等，揭示了城镇土地用地规模、利用结构、利用效率、利用强度变化及趋势，预测城镇土地利用结构变化趋势，不仅揭示了城镇土地利用变化与经济结构和土地政策等的内在影响机制，而且为全国"地耗"分析、节约集约用地分析，土地资源承载能力及优化配置研究、城镇化进程中土地管理制度改革研究等经济社会发展重大战略提供技术支撑和数据服务。

▲ 部分成果

四、成果意义及效益

全国城镇土地利用信息系统已应用于全国城镇土地利用数据整理、汇总、集成管理和应用工作。2007 年在试点地区应用后，2008 年开始在全国应用，实现了其在全国所有城市和建制镇的数据整理、汇总和集成工作中的应用，形成了 660 多个城市、近 2 万个建制镇、土地利用数据的覆盖，并在此基础上了建成了城镇土地利用主题空间数据库，有效支撑了节约集约用地分析、城镇化进程中土地管理制度改革研究等一系列国土资源管理和经济社会发展重大问题研究和决策。

耕地保护监控预警关键技术开发及示范应用

一、成果基本情况

主要完成人：郭旭东、段增强、孙丹峰、何挺、佘远见、吕春艳、李玉恒、徐艳、伍文、汪西林。

任务来源及编号：国家"十一五"科技支撑项目课题"区域耕地保护监控与预警关键技术"（2006BAB15B05）。

任务起止时间：2007年1月—2010年12月。

验收时间：2010年12月30日。

知识产权支持与获奖情况：取得3项软件著作权，获2014年度国土资源科学技术二等奖。

二、主要成果

（1） 建立了区域多尺度耕地保护监控预警关键技术。将作物生产力响应理论与光谱分析、分形、多尺度遥感等技术结合，实现了耕地数量、质量信息的快速提取和评价，提高监测效率20%。综合考虑耕地"数量、质量、生态"特征和利用效率，研发了耕地保护专项和综合预警技术，提高耕地保护警情判定和预测的科学程度。以耕地质量为核心，建立了科学性和可操作性强的基本农田识别和划定技术，保证了集中连片，质量提高了25%～30%。提出了基于农户生产决策视角和基于耕地资源价值视角的耕地保护经济补偿标准测算方法，推动了耕地保护经济补偿标准测算的理论化、精确化和应用的便捷化、规范化。

（2）开发了耕地保护预警信息系统和耕地保护监控信息服务系统，获得 3 项软件著作权。耕地保护预警信息系统以耕地变化效应评估与预警指标体系为基础，具备指标库管理，数据库管理，警情判定、警情预测、预警地图等 5 个主要功能模块，耕地保护监控信息服务系统实现了耕地与基本农田信息的及时查询与定时发布，为实现县域尺度业务化运行提供了基础。

（3）建立了以耕地质量为基础、以区位规则组合为参照的基本农田空间识别与划定方法。传统的基本农田划定研究有的偏重土地质量指标，导致操作复杂，过于碎片化；有的偏重考虑经济发展和政策因素，导致主观性强，缺乏科学性。本研究基于指标体系的基本农田识别、科学划定原则和基于 GIS 的基本农田分级优先方法有机结合，实现了从地形地貌、土壤质量、农田基础设施、土地利用、环境与区位等方面的指标量化，到基本农田的科学识别、分级空间划定的全过程系统化，显著提高了土地利用规划编制中耕地保护空间识别与定位的精准性和可操作性。基于以上技术方法与典型区域研究，形成了基本农田划定导则，规范了基本农田划定技术体系，破解了传统划定方法存在的主观性和不确定性等难题。

（4）研制了《耕地变化效应评估和保护预警导则》和《基本农田识别与划定技术导则》。《耕地变化效应评估和保护预警导则》规定了耕地变化效应评估和保护预警的指标体系、程序、技术方法、成果验收、更新及应用。《基本农田识别与划定技术导则》规范了基本农田识别与划定的技术工作方法和手段，适用于基本农田划定和对已划定的基本农田更新评价；在此基础上，形成了《优质耕地识别与划定技术导则》，并已纳入地方标准编制程序。

（5）提出了耕地保护创新机制，向国家提供 3 份咨询报告，被中共中央办公厅和国务院办公厅采用；出版专著 1 部，发表学术论文 32 篇，其中 SCI 检索 3 篇，EI 检索 10 篇；培养青年科技骨干 16 人，博士研究生 6 名，硕士研究生 7 名，培养地方业务骨干多名。

三、主要创新点

1. 完善了耕地和基本农田变化监控技术

（1）建立了非线性分形维特征增强和面向对象的模糊专家规则分类相结合的多尺度遥感耕地数量提取与监测技术流程。流程主要包括 4 个环节，首先是通过中等分辨率遥感技术快速提取监控区域耕地变化分类图，确定需要进一步监测调控的精细区域，再采用高分辨率数据进行精细耕地的面向对象提取，最后结合区域社会经济发展和政策变化，提出监控的政策和措施。

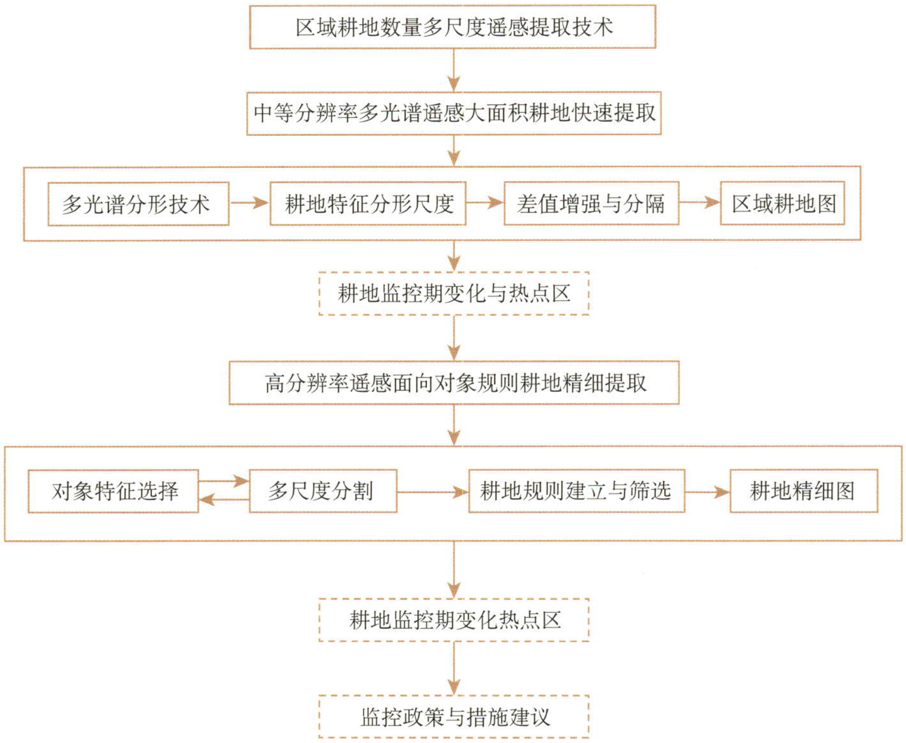

▲ 耕地数量遥感提取与监测技术流程

（2）研发了基于多光谱多尺度分形特征的区域耕地遥感快速提取技术。

（3）构建了基于高分辨率遥感影像，面向对象的耕地快速提取规则集和规则库。

2. 建立了基于指标识别、划定原则和分级选择的基本农田识别划定方法

（1） 建立了基本农田识别的指标体系。基本农田的划定，耕地的内在质量是主要的，其次是受社会经济影响的程度。耕地的内在质量主要包括：土壤自然条件、地形地貌、农田基础设施因素等。社会经济影响包括：区位条件、政策因素及环境因素等指标。

（2）确定基本农田划定原则和方法。

与规划相衔接。基本农田空间划定要与土地利用总体规划相互协调一致。基本农田空间划定也应与城市规划等相协调。

与政策相衔接。基本农田的划定要充分考虑政策因素的影响。与《基本农田保护条例》相衔接，同时，不能划入基本农田保护区的有：需要退耕的耕地、环保部门确定的重污染控制区等。还有地方政府制定的其他基本农田保护政策也要考虑。

确定划入基本农田的临界值。首先将规划和政策因素决定不能划入或优先划入基本农田的耕地剔除或划入，其余部分按照综合值大小顺序，将得分高的优先划入基本农田保护区。

划分基本农田指标必选、备选因子

因　素		必选因子	备选因子
耕地质量	土壤条件因素	有机质含量、土层厚度、障碍层距地表深度、土壤质地、剖面构型、土壤 pH 值	盐渍化程度、土壤污染状况、土壤中砾石含量、地表岩石露头度
	地形地貌因素	坡度、耕作距离	坡向、海拔、田块平整度、田面高差、连片程度、局部气候因素（温度、降雨量、蒸发量、灾害气候）
	农田基础设施	灌溉水源、灌溉保证率、排水健全度	耕作装备、田间道路、田间供电、林网化程度
社会经济条件	区位条件	到干线距离、到一般道路距离、到城镇距离	农贸市场影响度、道路通达度、对外交通便利度、中心城市影响度
	政策因素	粮油生产基地、计划改造的中低产田、蔬菜生产基地、需要退耕的耕地、城市发展预留、工程选址预留	重污染控制区
	环境因素	侵蚀程度、外观形状	土壤污染状况、生态隔离

根据地区下达的基本农田总量来确定划入基本农田的临界值。并通过 GIS 技术实现基本农田的空间划定。基本农田确定后，要对它进行分级，界定出永久、一级、二级不同层次基本农田的临界值。

3. 发展了耕地质量监测与评价技术方法

（1）提出了基于 NDVI 时间序列的区域耕地自然生产力监测技术。基于作物生产力响应原理，运用主成分分析法分解不同作物种植模式下 MODISNDVI 时间序列差异指标，证明了第一主成分指标表征了耕地生产力质量，利用第一主成分影像关系模式评价了区域耕地自然生产力。

（2）建立作物关键生长期叶面积指数的耕地质量对应模型。利用 PROSAIL 物理模型反演区域作物叶面积指数的稳定性，建立作物关键生长期的耕地质量对应模型，建立区域耕地质量等级图。

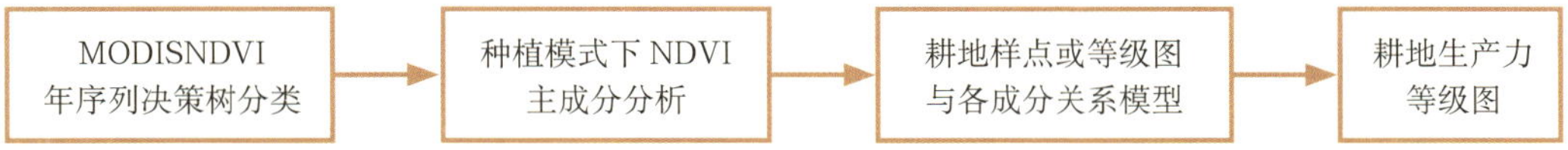

▲ 基于 MODIS 年 NDVI 时间序列的耕地生产力质量监测技术流程

（3）建立了空间自相关辅助下的耕地土壤重金属多尺度套合模型与评价方法。

4. 研发了基于 WebGIS 的耕地保护监控信息服务系统

（1）建立了基于多源空间数据融合的空间数据库。针对系统中使用的各类数据源存在数据格式不开放，空间坐标参考系不确定或不正确，空间数据转换后空间数据表达的一致性等问题进行了深入研究。在多元数据融合的基础上，使用空间数据库技术，以 ArcSDE 为平台建立了耕地保护与节地控制示范区数据库。

（2）构建了基于 ArcGIS Server 与 Flex 的系统开发框架。研究以 NET 技术、RIA(Rich Internet Applications，富互联网应用）技术为主的基于信息共享标准的多层系统总体结构方案，以 ArcGIS Server 为 WebGIS 服务平台，采用 Flex 开发技术，构建了集成环境开发框架。

（3）开发了基于组件技术与分层技术的系统模型库和方法库。系统在开发过程中，采用组件技术对模型进行封装:分为数据访问的封装 DAL(数据访问层)和模型的封装 BLL(业务逻辑层)。该方式可以有效降低模型与数据的耦合性，将 GIS 空间分析与模型分析和耕地保护应用模型进行统一管理。

5. 研制了区域耕地变化效应评估技术

（1）建立了耕地变化效应评估三级收敛指标体系。在耕地变化重点风险界定基础上，构建了评价指标体系。该指标体系由结果层、指示层和因素层三层构成。三级收敛指标体系可以使评估结果以及产生原因更加直观地显现，通过三级收敛指标体系，可以发现研究区域某一方面的某个效应产生了风险，以及导致该风险发生的因素。针对评估结果以及产生风险的原因，可以提出相应的调控方案，为相关决策者提供更加直观、简明的信息。

（2）构建了耕地变化效应单因素风险评估模型。首先，针对耕地变化效应评估指标体系中每个因素的特点，分别运用倒数一致化、减法一致化、极差化法、极大化法和已有标准确定法等方法，对单因素进行一致化和无量纲化处理。其次，采用专家知识和已有研究成果，分析单因素的风险等级与其一致化和无量纲化的标准值区间的对应关系，确定单因素的风险级别和阈值区间。最后，对于具体的评价单元，根据其实际的一致化和无量纲化的标准值所处的风险等级区间，判断其风险等级。

（3）构建了区域耕地变化效应综合风险评估模型。对单因素风险级别进行赋值，得到风险等级值，将各单因素风险值进行加权平均，得到综合风险值，对应综合因素风险级别判别表，判断综合风险级别。

$$综合风险值 = \sum_{1}^{n} w(i)Xi \,/\, \sum w(i)$$

式中，Xi 为各单因素指标风险值，$w(i)$ 为各单因素指标权重。

指标权重可根据研究区域具体情况采用专家打分法、层次分析法等方法确定。

6. 研制了区域耕地保护预警关键技术

（1）构建了县域尺度的数量与质量结合的耕地保护预警指标体系。参照耕地变化效应评估技术成果，在专家研讨、走访县级土地资源管理机构和多次反馈信息的基础上，针对我国县级土地资源管理部门面对的耕地保护问题，构建了县域耕地保护预警的指标系统框架，该框架包括六个准则层指标，每个准则指标由若干评价元指标构成。

（2）建立了县域耕地预警指标时空变化模型库。通过 ESRI Geodatabase 的模型对象技术，将所有元指标及其参数的量化过程建模，并以模型对象方式保存在系统数据库里。构建 ESRI Geodatabase 模型对象库的优势在于：可以采用图形化方式对模型进行修改和升级；由于可以以图形化方式显示模型，因此便于用户深入理解应用系统的数据处理过程；可以在应用系统开发中直接应用 Geodatabase 中的模型对象，降低应用系统的开发中空间分析流程的代码量；便于模型共享。

四、成果意义及效益

课题形成的重大关键技术、导则、数据库、应用服务系统和相关政策已经在甘肃省、辽宁省、四川省、北京市、江苏省、山东省、河南省等典型示范区的土地综合整治、基本农田划定、土地质量监测、耕地保护制度创新等中工作得到全面应用和验证，大大提升了地方耕地保护效果和监测效率，对全国进一步开展耕地变化监测、推动农村土地综合整治、进行耕地保护机制创新等工作具有重要的借鉴和指导意义。关键技术的地方示范应用表明，该套技术成熟可靠，效果突出，效益明显。课题提出的利用经济手段保护耕地，为耕地政策制订提供了重要参考，一些建议被地方采纳。课题提出的整套区域耕地保护监控预警技术被省级相关技术单位开展类似工作采纳。近年来，课题成果得到进一步应用，为当前永久基本农田划定和耕地后备资源评价调查、不稳定耕地评价等工作提供了支撑。

国家耕地资源动态监管系统核心技术引进与合作研究

一、成果基本情况

主要完成人：尤淑撑、廖蓉、刘顺喜、沈均平、何宇华等。

任务来源及编号：国家国际科技合作专项项目“国家耕地资源动态监管系统核心技术引进与合作研究”（2012DFA20930）。

任务起止时间：2012年7月—2015年7月。

知识产权支持与获奖情况：公开发表文章11篇（其中SCI检索4篇），申请发明专利2项，取得软件著作权6项。

二、主要成果

项目由中国土地勘测规划院与加拿大MDA系统有限公司合作开展，主要针对当前我国卫星数据处理效率低、变化检测自动化程度不高，雷达数据处理水平低下，应用效果不佳，动态监测时效性和批量化优势难以充分发挥的现状和当前国家耕地资源动态监管系统建设

▲ 与加拿大MDA系统有限公司进行技术交流

的需要，通过引进国际先进技术，研究高精度几何匹配、自动变化检测、SAR 数据处理等技术，解决了目前关键技术环节的核心问题，通过集成、优化和改造形成了具有自主知识产权的国家耕地资源动态监管系统。

国家耕地资源动态监管系统实现了国产中分辨率多光谱遥感数据自动化、高精度匹配和快速遥感影像图生产；实现了基于地块的土地利用变化自动快速检测；提高了雷达新增建设用地监测精度。对促进国产卫星数据产业化应用，实现国土资源主动监管，提升国土资源宏观决策和管理水平等具有重要意义。

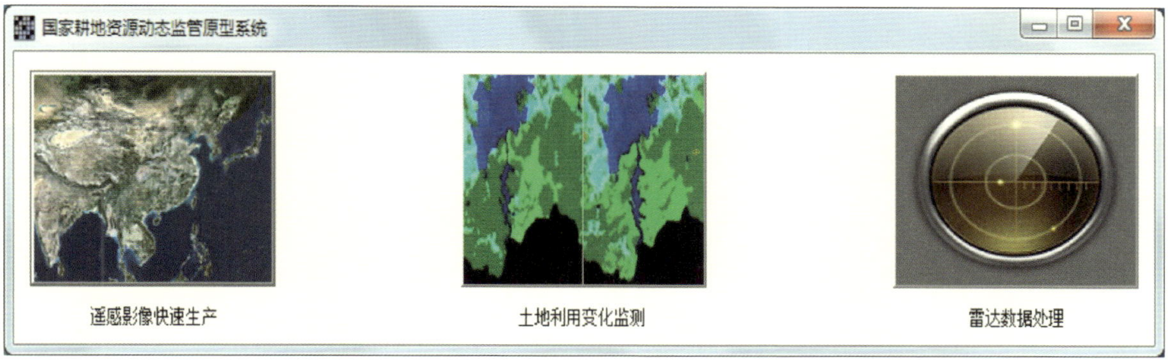

▲　国家耕地资源动态监管原型系统

三、主要创新点

（1）突破了国产卫星几何匹配关键技术。提出了基于仿射不变特征匹配与灰度匹配相结合的匹配技术，不仅可用于多源国产卫星数据处理，还实现了倾斜影像与近景影像的高精度配准，从而解决了我国倾斜影像精确定位和全自动提取三维地表模型，可以部分满足我国目前正在推进利用倾斜影像、近景影像和其他传感器进行多遥感器集成解决的“数字城市”和“智慧城市”建设。

▲　国产卫星几何匹配

（2）建立了国产卫星自动化流程处理集群系统。针对国土资源管理业务并行处理与协同处理关键技术进行研究，从国土资源管理业务流程和计算机并行运算建模的角度对数据

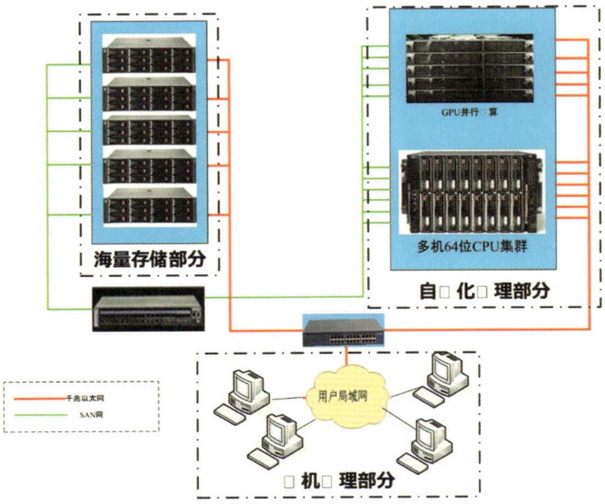

▲ 国产卫星自动化流程处理集群系统

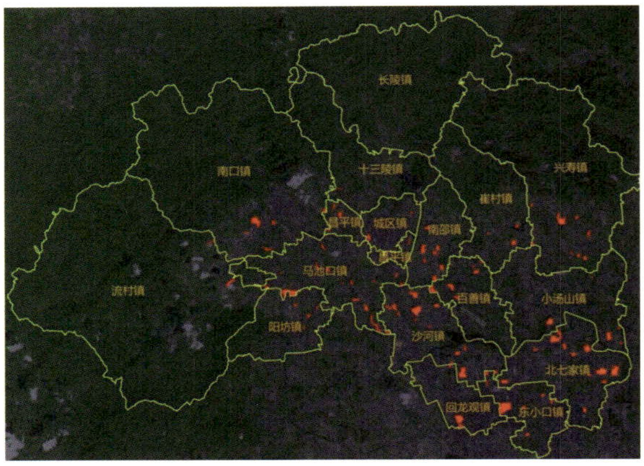

▲ 北京市昌平区 2012—2013 年新增建设用地检测（ZY-1-02C）

处理的关键环节进行并行化处理，以适应大场景、海量数据条件下的高效数据处理要求，同时满足国土资源管理业务中多部门、多人员、多环节协同作业方式，并将其应用到数据处理分系统中，实现了卫星遥感数据的自动化处理和业务运行系统的无缝集成。

（3）突破了耕地与土地利用图斑变化检测方法。提出了一种结合特征优选 SEaTH 方法和 CART 决策树的耕地提取方法，该方法将特征定量优选和地类识别结合为一体，能够显著提高耕地提取精度；基于我国土地业务开展中常用的土地利用现状图，将场景识别领域的 Gist 特征引入图斑级变化检测中，提出一种新的土地利用变化图斑提取的方法，解决了非匀质对象特征表达和变化发现的问题，可以为土地利用动态遥感监测业务的变化信息提取环节提供精确的靶区。

（4）突破了 SAR 数据增强与新增建设用地提取方法。借鉴国外先进技术经验及思路，提出了一种 PTD-SDBSF 高分辨率 SAR 图像增强方法，显著提高了图像细节信息和极化特征的保持能力；提出了基于改进的变差函数纹理特征提取的新增建设用地提取方法，该方法能准确、完整地提取出建筑区的边界，边缘虚警区小，建筑区内部的空洞少，在一定程度上改善了受孤立强反射点、噪声干扰影响的缺点。

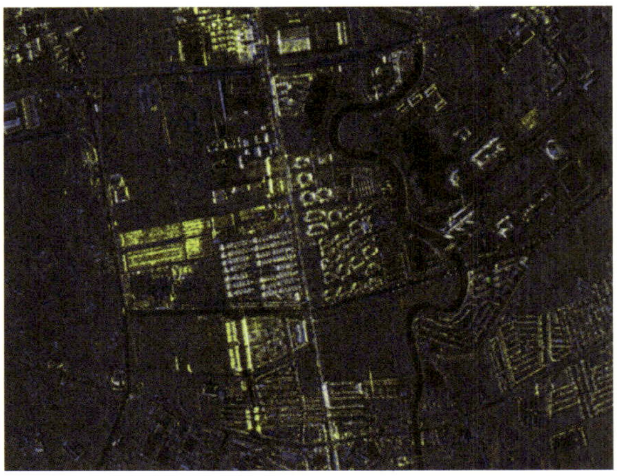

▲ SAR 数据新增建设用地提取

本成果在全国多个示范区和实验区开展了光学遥感数据处理、变化信息提取和 SAR 新增建设用地检测技术验证和应用评价，应用结果表明：

（1）国产卫星数据高精度快速配准技术实现了国产卫星数据波段匹配精度小于 1 个像元，多时相影像配准精度为：平原区 1 ~ 2 个像元，山区 2 ~ 3 个像元。作业效率平均提高 2 倍以上；

（2）土地利用变化检测技术实现了变化图斑的检测属性精度不低于 85%，面积精度优于 90%；

（3）SAR 数据的新增建设用地自动检测技术实现了 SAR 数据新增建设用地自动检测属性精度不低于 80%，面积精度优于 85%。

四、成果意义及效益

（1）国产卫星几何匹配关键技术可以应用于我国的高分辨率对地观测系统建设、地理国情监测，以及与国产卫星社会化服务相关应用领域，还可用于国产资源 02C 卫星与 GF-1 卫星数据的日常处理中；已系统部署在各省市测绘单位，用于地理国情检测的快速正射影像处理，极大地提高了数据处理效率。

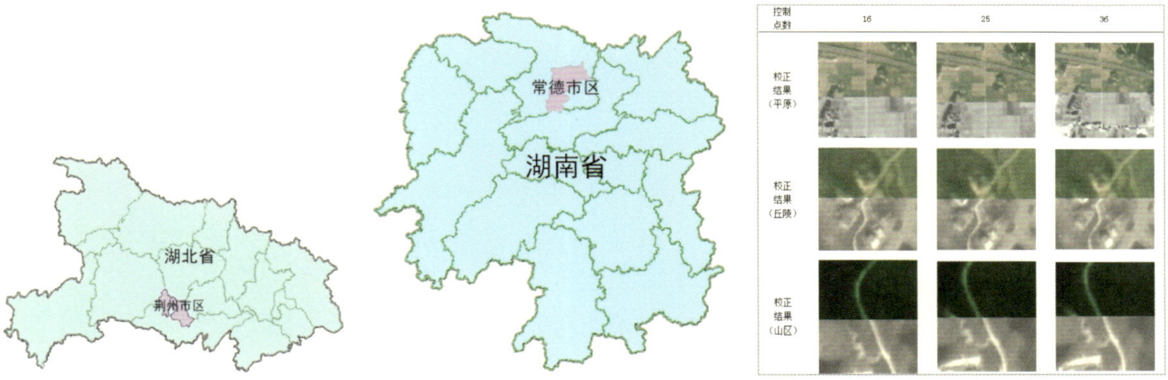

▲　国产光学影像几何精校正

（2）土地利用地块自动变化检测直接应用到国土资源部每年开展的全国覆盖遥感监测、全天候监测、土地调查等工作中，对乱占滥用耕地行为实施问责，保护耕地数量不减少、质量不降低，促进土地资源节约集约利用，保障经济社会科学发展、环境改善和国防建设等具有重要的作用。

（3）高分 SAR 数据处理技术实现了 SAR 数据的业务应用，缓解了我国西南地区多云、多雨、多雾和湿润地区卫星遥感数据获取能力不足、光学数据监管盲区，以及监管环节薄弱的问题，全面提升了我国耕地资源的监管能力与水平，为防灾救灾、灾害监测与灾后重建，以及精准农业等方面提供了有效的技术手段，具有长远的社会效益和较大的经济效益。

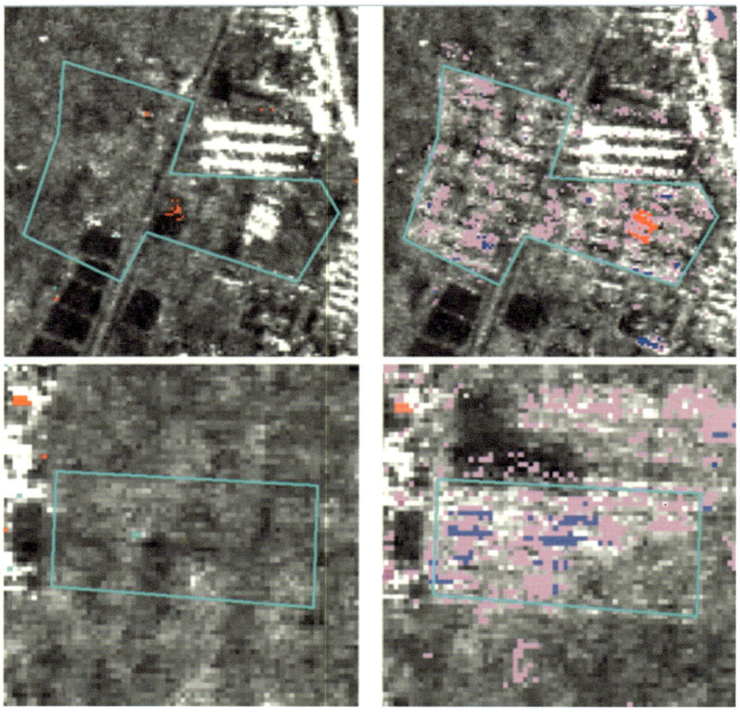

▲ SAR 数据新增建设用地提取

（4）通过中加两国技术人员的交流与合作研究，将加速解决国产自主卫星数据，尤其是 SAR 数据在图像处理、信息提取及应用等方面的技术难点，为国产卫星数据、SAR 数据处理和应用提供规范化与标准化的技术流程和方法，促进国产卫星数据在国际市场上的推广应用，为国家外交工作提供服务。

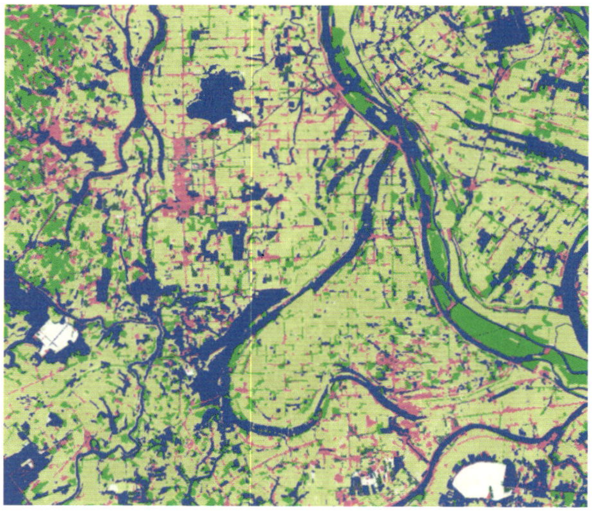

▲ 国产光学影像自动分类

国土资源高分应用示范系统先期攻关

一、成果基本情况

主要完成人：刘顺喜、王忠武、尤淑撑、何宇华、沈均平等。

任务来源及编号：国家高分辨率对地观测系统重大专项（E0202/1112）。

任务起止时间：2011年1月—2012年12月。

验收时间：2013年11月。

知识产权支持与获奖情况：发表文章21篇（其中SCI 检索5篇），申请专利1项，取得软件著作权9项。

二、主要成果

（1）编制了土地高分应用示范系统总体方案。梳理了土地资源高分应用示范系统的建设目标、主要任务、业务指标、技术指标、系统指标等，提出了土地资源高分应用示范系统建设的总体架构、关键技术、产品生产、数据量、处理量、数据流量、数据管理方式、功能及性能等需求，制定了土地资源高分应用示范系统建设的总体框架、组成与功能、主要内外部接口等，编制了土地资源高分应用示范系统总体方案报告。

（2）编制形成了高分土地应用示范产品体系及技术规定。根据土地调查与监测的业务应用需求和本行业“十二五”规划重点内容，结合高分GF-1、GF-2星的载荷特征和指标设置，主要针对1 ：10万～1 ：1万土地资源调查与监测应用，系统梳理了高分数据在土地资源调查与监测应用中所能生产的专题产品，建立了土地资源高分应用专题产品体系，形成了初步专题产品目录，按需、合理设计了应用综合指标体系，建立了土地资源高分应用综合指标体系，形成了土地资源高分专题产品体系与综合指标体系报告。

（3）完成了高分土地应用关键技术攻关。针对 GF-2 星、GF-1 星等数据，完成了土地利用遥感影像图快速制图、高分数据质量土地业务应用评价、土地利用要素快速分类与变化检测、地块边界控制和面向对象的土地利用专题信息提取、土地资源高分影像产品检查与质量控制等技术研究，研发了相关的算法模块，采用替代数据进行了技术验证。

（4）开发了高分土地应用示范原型系统。开展了大区域土地遥感影像图快速制图、土地利用动态遥感监测应用示范、土地利用变更调查应用示范、质量评价等模块集成，形成了土地资源高分应用示范原型系统，通过了科学技术部国家遥感中心国家空间信息系统软件测评中心对该系统的第三方测试。

（5）研究网络化资源共享与服务平台方案，建设了应用数据库框架。开展了示范区高分土地资源应用数据库框架设计，收集了湖南省赫山区、甘肃省敦煌市、黑龙江省双城市三个示范区的高精度基础数据和土地专题成果数据，构建了土地资源应用数据库框架。基于 SOA 设计思想，研究了土地资源高分网络化资源共享与服务平台的体系结构、建设框架。

（6）在湖南省赫山区、黑龙江省双城市、甘肃省敦煌市开展了土地高分应用示范系统应用示范工作，形成示范区相应实验应用与评价报告。建立三级示范体系雏形，绘制土地高分应用全国监测区、示范区布局图。

三、主要创新点

1. 土地利用多层次图斑变化发现技术

基于土地覆盖变化与土地利用变化之间的必要非充分关系，充分利用土地利用数据的边界和属性等先验信息，几何地块图斑内遥感影像的光谱、指数、纹理等特征，建立了土地利用多层次图斑变化发现技术流程。实现了土地利用变化图斑由粗到精的逐步检测，可提取图斑的部分变化情况，新增建设用地快速发现准确率高于 85%。

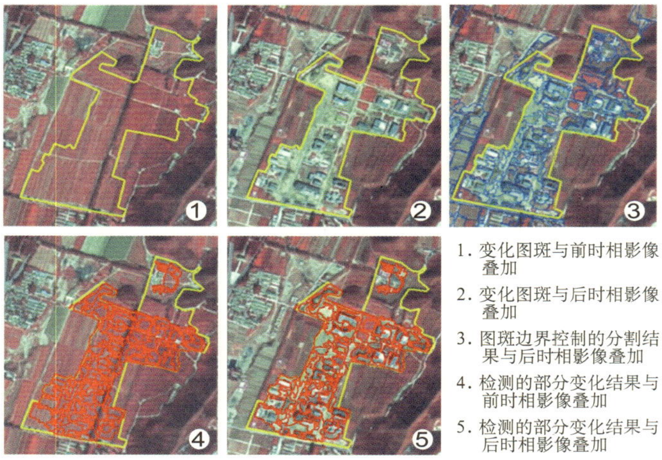

▲ 土地利用多层次图斑变化发现技术示意图

2. 地块边界控制的多参数快速分割技术

充分利用土地利用现状数据，将图斑边界和属性信息作为影像分割的先验知识，通过图斑的约束均值漂移分割运算的空间范围，通过图斑的属性控制均值漂移分割运算的参数，使分割后图斑的光谱相似度和空间相似度更优，提高了分割的精度。基于 MPI 改造后的并行分割方法，较无边界控制的分割效率提高了 73%，而较边界控制的串行分割效率提高了 57%。

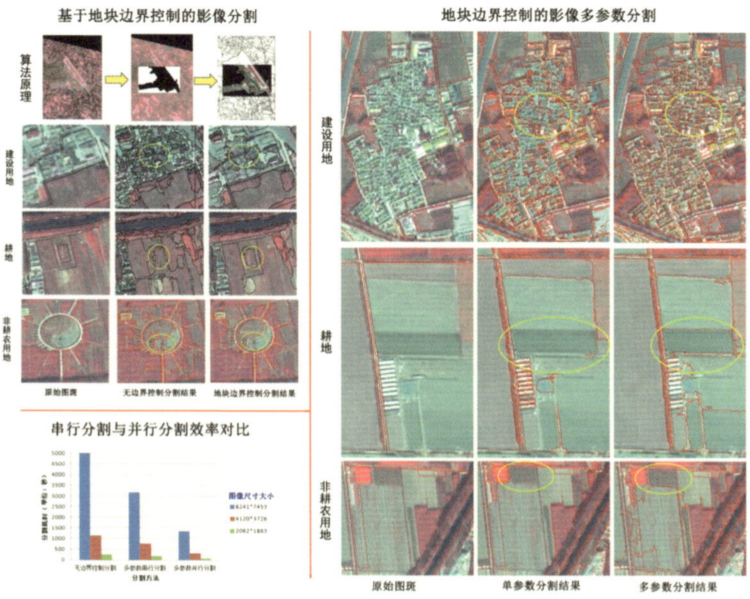

▲　地块边界控制的多参数快速分割技术示意图

3. 基于景观指数的建设用地专题信息提取技术

针对遥感影像反映的是土地覆盖信息而非土地利用信息的问题，基于景观指数挖掘基期土地利用现状数据先验知识的潜力，利用空间指数表达图斑内部各土地覆盖对象的空间构成和空间模式，基于对土地覆盖分类图的再分类得到图斑的土地利用类型，实现了土地覆盖到土地利用的推理，对建设用地图斑提取总体效果较好，基于识别结果发现的属性精度可达 85% 以上。

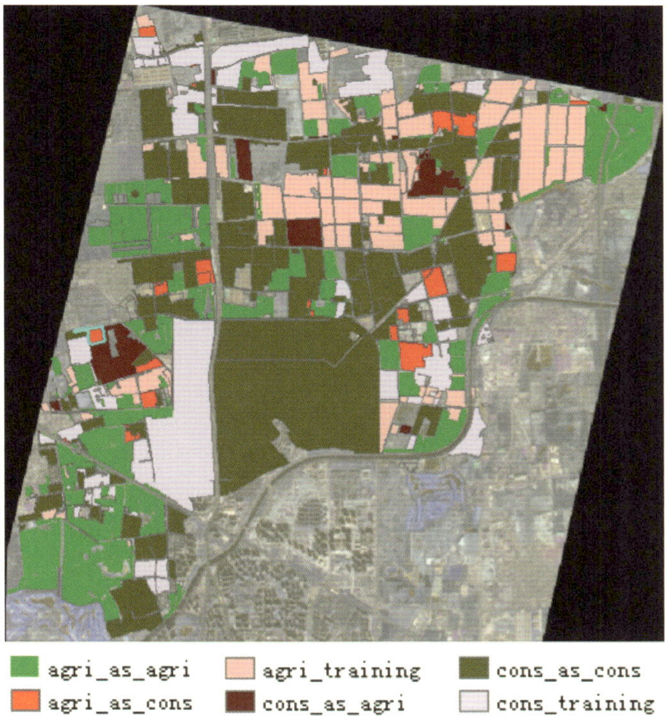

▲　基于景观指数的土地利用分类总体结果图

四、成果意义及效益

▲ 甘肃省敦煌市应用示范图

应用资源一号02C卫星、资源三号、QB\WV-1\WV-2等国内外同类高分辨率卫星数据，完成了湖南省赫山区1378平方千米的土地利用变更调查、基本农田动态遥感监测示范；完成了黑龙江省双城市全辖区3112平方千米的土地利用动态遥感监测、基本农田图斑监测示范；完成了甘肃省敦煌市全辖区26727平方千米的土地利用动态遥感监测示范，及6.58平方千米的耕地增减变化监测示范。应用示范结果表明，高分土地资源应用示范原型系统能满足土地利用遥感影像图生产、土地利用动态监测、土地利用变更调查等产品精度要求，可用于1：1万、1：5万土地利用变更调查和1：1万～1：10万土地利用动态遥感监测，并且具有较好的社会经济效益。

▲ 示范区应用示范证明

高分土地资源应用示范系统（一期）

一、成果基本情况

主要完成人：刘顺喜、戴建旺、尤淑撑、王忠武、何宇华、沈均平等。

任务来源及编号：国家高分辨率对地观测系统重大专项（04−Y30B01−9001—12/15）。

任务起止时间：2012 年 12 月—2015 年 06 月。

验收时间：2015 年 11 月。

知识产权支持与获奖情况：申请专利 2 项，取得软件著作权 9 项。

二、主要成果

通过项目实施，研发了高分土地资源应用示范分系统，具备了由需求汇总与数据接收、预处理与产品加工、专题产品生产、业务运行综合管理、数据产品存储等能力，实现了土地分系统的部署和试运行工作。

研究了基于基准影像和土地利用数据库的高精度、高效率土地遥感影像图制图、基于成像机理的土地应用辐射改进与影像增强、高分土地利用动态遥感监测产品生产、高分土地利用变更调查产品生产等关键技术，为高分数据预处理、产品加工和生产奠定基础。

基于 GF−1、GF−2 数据，完成了土地利用变更调查、土地利用动态遥感监测相关的土地遥感影像图、土地利用现状遥感监测图、土地利用变化遥感监测图等专题产品的研发，在湖南省、甘肃省、黑龙江省、浙江省、河北省等土地资源调查监测与监管工作中发挥了重要作用。完成了 GF−1、GF−2 数据土地业务应用在轨测试与评价，形成了土地应用在轨测试评价报告；在湖南省赫山区、甘肃省敦煌市、黑龙江省双城市、浙江省奉化市、河北省正定县等五个示范区，利用 GF–1、GF–2 卫星数据，开展了土地利用动态遥感监测、土地利用变更调查等应用示范，大力推广 GF–1、GF–2 数据在示范区重点业务中的有效应用。具体成果包括：

(1) 土地资源高分应用示范分系统的土地业务应用预处理与产品加工、土地利用动态遥感监测、土地利用变更调查、业务运行综合应用管理及标准规范与应用数据库建设等 5 个子系统。

(2) 土地高分应用示范系统信息系统软件工程文档，包括需求分析说明书、概要设计说明书、详细设计说明书和数据库设计报告。

(3) 形成土地应用示范系统建设项目专题产品体系，及 GF–1、GF–2 卫星在轨测试报告各 1 份。

(4) 土地核心业务专业应用成果图件 1 套。

三、主要创新点

1. 建立了国产卫星数据土地业务应用综合运行管理系统

面向高分土地资源应用示范系统，以应用数据库为依托，采用“平台 + 插件”的系统架构，

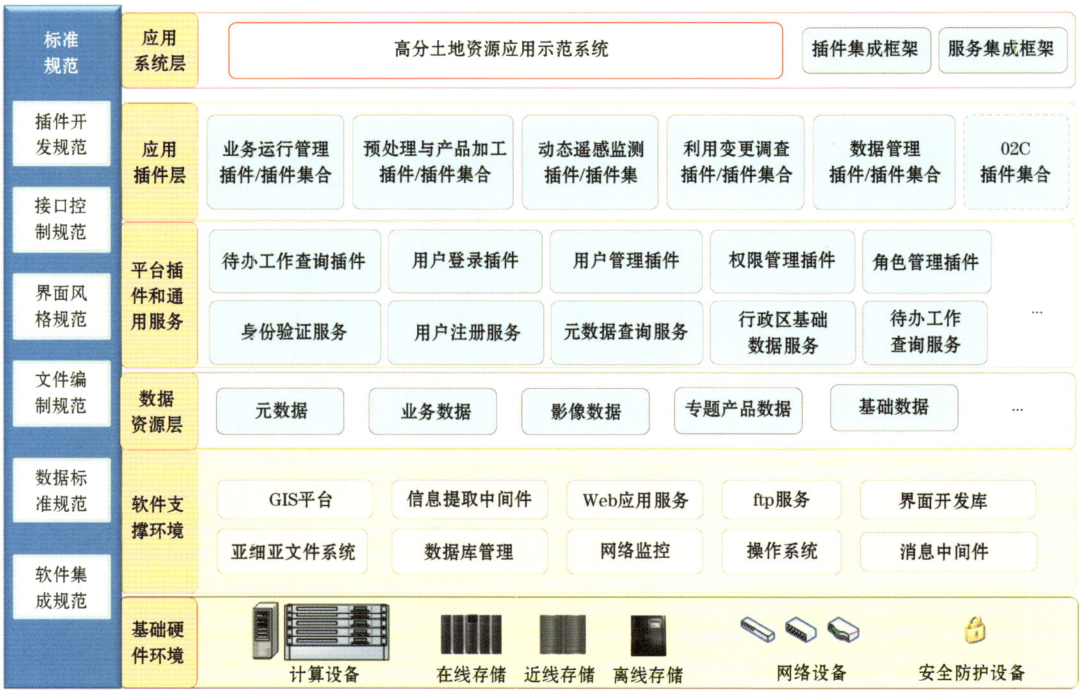

▲ 国产卫星数据土地业务应用综合运行管理系统技术架构

提供统一的系统集成框架，实现业务功能插件在此基础上的灵活插拔形成业务运行的核心调度与集成中枢，实现对 GF-1/2 卫星数据的存档、数据处理、专题产品生产、分发和服务等资源的统一管理和调度；实现根据用户观测需求进行卫星资源的任务规划；实现面向土地资源用户和各类行业用户提供数据的检索、浏览与下载及需求提交的能力；实现对高分数据和辅助数据的接收和数据质量验证。

2. 构建了基于全国分区的宏观信息提取规则集

为实现宏观监测自动信息提取中以地市为单元构建规则集的目标，形成全国性的规则集框架，引入“分区”的概念，将多个地类特征相似的地市划分为一个区，综合考虑了全国土地利用现状分布特征、全国影像数据特征、全国地形图及全国农作物分布特征等，以地级市行政边界为基础，将地物特征相似的地市归为一类，共将全国土地划分为 14 个区域，首先针对每个区构建规则集，再以分区规则集作为“基类”，由区内各个地市进行复用、继承和细化，最终达到每个地市构建一个规则集的目的。

四、成果意义及效益

在 2014 年全国土地利用变更调查监测与核查工程的二、三、四类区监测中，累积使用 GF-1 卫星数据 57 万平方千米（其中 2 米 /8 米数据 41 万平方千米，16 米数据 16 万平方

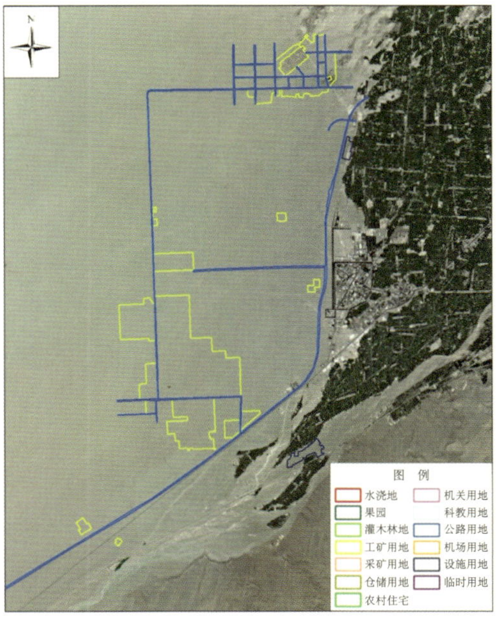

▲ 敦煌市（局部）未利用地高分卫星影像（16 米）遥感监测结果图

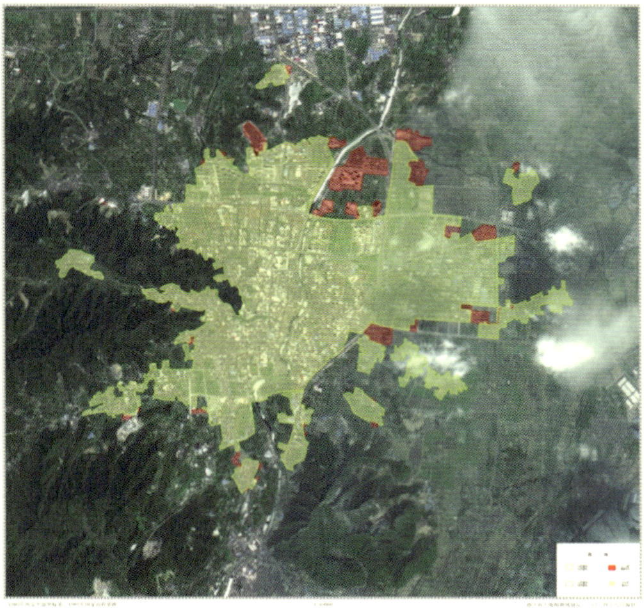

▲ 奉化市中心城区城镇建设用地扩展图

千米）。在湖南省赫山区、甘肃省敦煌市、黑龙江省双城市、浙江省奉化市、河北省正定县开展了土地利用遥感监测与变更调查、土地整治项目遥感监测、灾毁耕地调查、土地例行督察等工作中累积使用 GF-1 卫星数据约 340 万平方千米。

形成的国产高分应用示范系统，将支撑示范区国土资源核心业务示范；应用模型和关键技术的研发，将极大地提高我国国土资源领域遥感定量化应用的水平；制定的业务应用技术规范或标准，将指导土地利用遥感调查、土地变更调查与监测业务开展；积累的土地遥感应用系统相关算法、功能、模块、软件、系统等成果，将直接推动国土资源业务卫星应用系统建设。

第二篇

土地节约集约利用评价与规划领域

多层次建设用地节约集约利用评价技术体系创建与应用

一、成果基本情况

主要完成人：邓红蒂、林坚、王薇、陈国庆、左玉强、郑新奇、吴海洋、冷宏志、苏航、楚建群、刘康、陈莹、赵毓芳、郑伟元、陶志红。

任务来源及编号：国土资源大调查项目“城市土地价格调查与集约利用潜力评价（1999—2005年）”；土地利用调查评价项目“城市土地集约利用潜力评价（2006—2010年）”；山东省自然科学基金项目“基于RS和GIS的城镇土地优化配置研究（Y2004E04）”。

知识产权支持与获奖情况：获2013年度国土资源科学技术奖一等奖；编制3项行业标准：建设用地节约集约利用评价规程（TD/T 1018—2008），开发区土地集约利用评价规程（TD/T 1029—2010），开发区土地集约利用评价数据库标准（TD/T 1030—2010）；取得5项计算机软件著作权：开发区土地集约利用评价与管理系统V1.0（2010SR074540），开发区土地集约利用评价数据资料上报软件V1.0（2011SR002742），开发区土地集约利用评价成果入库软件V1.0（2011SR003583），城镇土地集约利用潜力评价信息系统V1.0（2007SRBJ3231），区域土地集约利用评价信息系统（2008SR29899）。

二、主要成果

通过项目的实施，明确了符合国情的建设用地节约集约利用评价理论框架及内涵，创建了多层次建设用地节约集约利用评价技术体系，探索研发了节约集约利用状况评价、潜力测算、信息化支撑等关键技术，确立了评价指标体系和制度实施及效果评估统一标准，推动了调查评价领域工程化实施与成果集成应用，为落实国家“节约优先”战略、实施最严格的耕地保护制度和节约用地制度提供了重要支撑。

（1）项目形成了 1 套集成成果：“多层次建设用地节约集约利用评价技术体系创建与应用”项目总报告、图集、相关论文、项目涉及的政策规划、工作文件及通报公报；2 部学术专著：《城市土地集约利用潜力评价理论、方法与实践》、《城市土地优化配置与集约利用评价理论、方法、技术、实证》；3 项行业标准：自主研制并发布《建设用地节约集约利用评价规程》（TD/T 1018—2008）、《开发区土地集约利用评价规程》（TD/T 1029—2010）和《开发区土地集约利用评价数据库标准》（TD/T 1030—2010）研制《建设用地节约集约利用评价数据库标准》等 3 项待批行业规范，确立了节约集约用地制度实施及效果评估统一标准；4 类关键技术：针对建设用地节约集约利用调查评价几近空白、相关机制建设缺乏科学支撑的现状，创新性研发了建设用地节约集约利用状况评价技术、城市（开发区）土地集约利用潜力测算技术、基于双重用地分类的开发区评价调查技术、开发区评价成果快速审核与汇交技术等 4 类关键技术，丰富完善了国土资源调查评价科技支撑体系；5 项计算机软件著作权：首创建设用地节约集约利用调查评价信息化支撑技术体系，研制基于海量数据、不同空间层次的建设用地节约集约利用评价与管理信息化软件，获得 5 项计算机软件著作权。

▲ 项目形成的部分成果

（2）多层次实践应用：开创建设用地节约集约利用工程化调查评价领域，形成海量数据和集成化成果，获取了 6 个试点城市、30 个省会城市、直辖市的建设用地节约集约利用调查评价数据，以及覆盖全国31个省份、约30000平方千米、近1600个国家级开发区的三轮调查评价数据。

三、主要创新点

建设用地节约集约利用评价是国土资源管理和研究的前沿领域与技术难点。本项目按照"基础研究—体系初建—试点试验—总结提升—体系完善—推广应用"的总体思路，从无到有，创建了涵盖区域、城市、开发区的多层次建设用地节约集约利用评价和信息化支撑技术体系，在理论、方法、技术、成果转化应用上取得了多项突破，填补了国内外土地利用研究领域的空白。主要创新点为：

（1） 首次提出了基于初级集约和次级集约的建设用地节约集约利用评价理论框架，创建了涵盖区域、城市、开发区的多层次建设用地节约集约利用评价技术体系，研制了针对行政区、开发区等节地制度实施及其效果评估的统一标准。

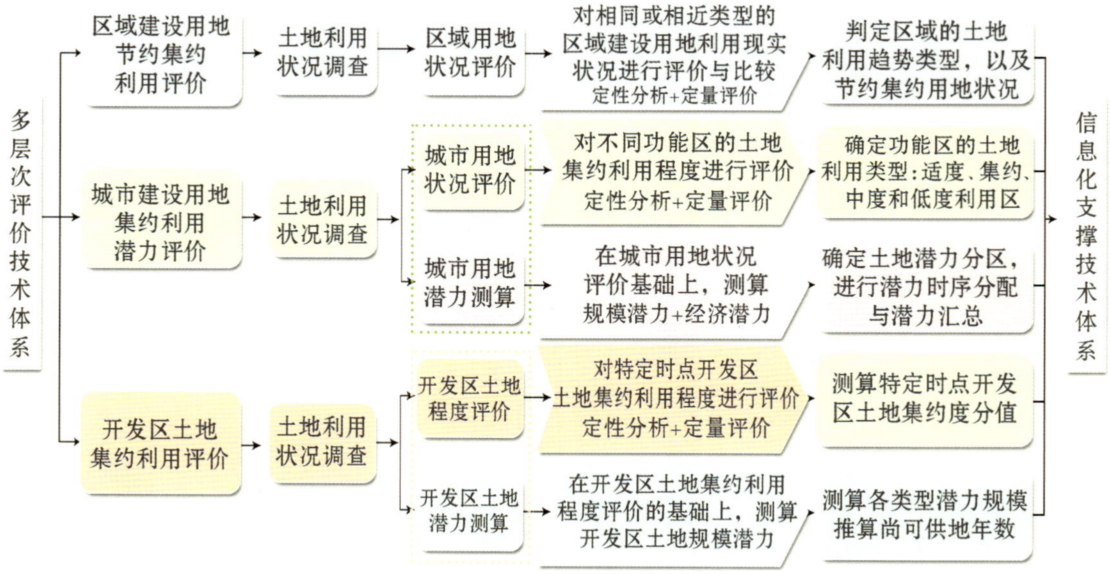

▲ 多层次建设用地节约集约利用评价技术体系

（2）研发了建设用地节约集约利用状况评价和潜力测算技术，确立了适应国情的建设用地节约集约利用评价方法论体系。研制了针对区域、城市、开发区的多层次建设用地节约集约利用评价指标体系及评价模型。研创了区域建设用地节约集约利用趋势分析模型和城市功能区及样本片区空间边界划定技术。研发了包括城市建设用地规模潜力、经济潜力，开发区土地集约利用潜力、尚可供地年数在内的城市（开发区）土地集约利用潜力测算技术。

区域建设用地节约集约利用评价指标体系

指　数	分指数	分指数指标
利用强度指数	人口密度指数	城乡建设用地人口密度
	经济强度指数	建设用地地均固定资产投资
		建设用地地均地区生产总值
	建设强度指数	城市综合容积率
增长耗地指数	人口增长耗地指数	单位人口增长消耗新增城乡建设用地量
	经济增长耗地指数	单位地区生产总值耗地下降率
		单位地区生产总值增长消耗新增建设用地量
		单位固定资产投资消耗新增建设用地量
用地弹性指数	人口用地弹性指数	人口与城乡建设用地增长弹性系数
	经济用地弹性指数	地区生产总值与建设用地增长弹性系数
贡献比较指数	人口贡献度指数	人口与城乡建设用地增长贡献度
	经济贡献指数	地区生产总值与建设用地增长贡献度
管理绩效指数	城市用地管理绩效指数	城市土地供应市场化比率
		城市闲置空闲土地与供应量比率
		城市批次土地供应比率

划分基本农田指标必选、备选因子

		指　数	
目标	子目标	经济技术开发区、保税区、出口加工区、边境经济合作区、其他类型的国家级开发区、省级经济开发区、省级特色工业园区	高新技术产业开发区、省级高新技术产业园区
土地利用状况	土地利用程度	土地供应率	土地供应率
		土地建成率	土地建成率
	用地结构状况	土地用地率	土地用地率
		—	高新技术产业用地率
	土地利用强度	综合容积率	综合容积率
		建筑密度	建筑密度
		工业用地综合容积率	工业用地综合容积率
		工业用地建筑系数	工业用地建筑系数
用地效益	产业用地投入产出效益	工业用地固定资产投入强度	工业用地固定资产投入强度
		工业用地产出强度	工业用地产出强度
		—	工业用地固定资产投入强度
管理绩效	土地利用监管绩效	到期项目用地处置率	到期项目用地处置率
		闲置土地处置率	闲置土地处置率
	土地供应市场化程度	土地有偿使用实现率	土地有偿使用实现率
		土地“招拍挂”实现率	土地“招拍挂”实现率

城市建设用地集约利用状况评价指标体系

功能区类型	指　标
居住功能区	综合容积率
	建筑密度
	人口密度
	基础设施完备度
	生活服务设施完备度
	绿地率
	住宅地价实现水平
商业功能区	综合容积率
	基础设施完备度
	商业地价实现水平
	单位用地从业职工数
	单位用地营业额
工业功能区	综合容积率
	单位用地固定资产总额
	基础设施完备度
	单位用地工业总产值
	单位用地工业利税
	工业地价实现水平
教育功能区	综合容积率
	建筑密度
	单位用地服务学生数
	基础设施完备度
	绿地率
	单位校舍用地服务学生数
	单位体育活动场地服务学生数
特别功能区	综合容积率
	建筑密度

▲　多层次建设用地节约集约利用评价指标体系

（3）研创了基于双重用地分类的开发区评价调查技术，丰富完善了土地利用调查科技支撑体系。首次研究确立针对土地利用和供应管理需求的开发区土地集约利用评价用地分类及其图式表达。研发提出开发区评价基础数据采集、用地状况调查等技术规范。研发了基于空间耦合的基础数据处理方法及调查技术。

北京经济技术开发区土地集约利用评价更新成果
开发区土地利用状况图（Ⅰ）——按建设状况划分

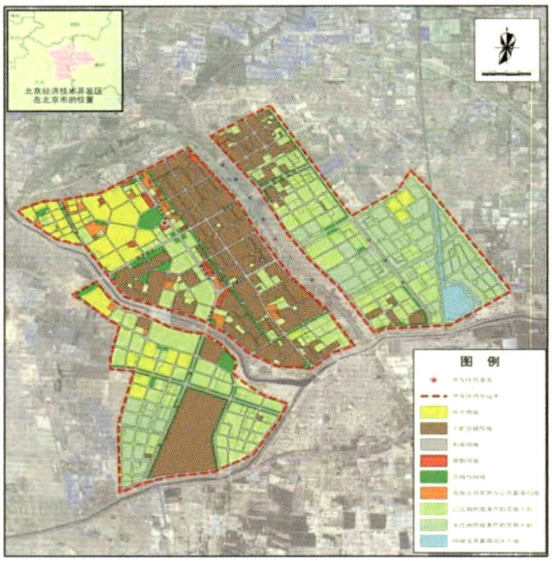

北京经济技术开发区土地集约利用评价更新成果
开发区土地利用状况图（Ⅱ）——按供应状况划分

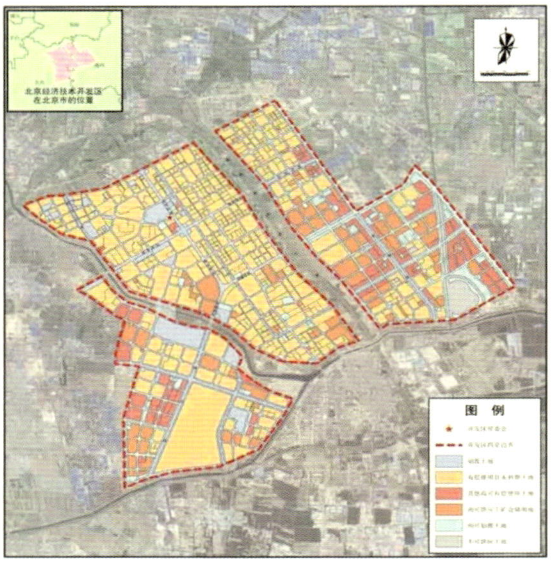

▲ 基于双重用地分类的开发区调查评价技术及图式表达

（4）研制了评价信息库建设与管理技术方法、开发区评价成果快速审核与汇交技术，开发了五个保障各类评价实施和成果管理应用的信息化软件，凝练形成了建设用地节约集约利用评价信息化建设"三同步"技术模式。

（5）拓展了建设用地节约集约利用工程化调查评价领域，确立了多级联动、规模化推进的开发区土地集约利用评价更新调查统计机制，实现了自主创新研发成果的"落地"转化和推广应用。

四、成果意义及效益

（1） 为国家制定和出台节约集约用地重要文件提供了支撑。为2008年党的十七届三中全会《中共中央关于推进农村改革发展若干重大问题的决定》首次提出最严格的节约用地制度，为《国务院关于促进节约集约用地的通知》（国发〔2008〕3号）文件出台提供了理论与实践依据，对于促进国家节约集约用地制度框架构建及完善起到了重要的支撑作用。同时，也有力地支撑了《国土资源部关于大力推进节约集约用地制度建设的意见》、《节约集约利用土地规定》和《国土资源部关于推进土地节约集约利用的指导意见》等重要文件的制定。

（2）推动建设用地节约集约利用状况调查评价的工程化实施。基于试点建设实践，项目建立了多层级的建设用地节约集约利用评价技术体系，先后应用于30个直辖市、省会城市，

20 个小城市的建设用地节约集约利用评价，特别是全国 80% 的地级以上城市和 60% 的县级市的城市节约集约用地评价，近 1600 个开发区三轮评价工作，以及国土资源和社会管理服务领域，评价范围逐步拓展到高校、城乡结合部、农村、基础设施等方面，实现了评价工作的全覆盖、规范化、系统化、信息化及综合应用，有力地推动了建设用地节约集约利用状况调查评价的工程化实施。

（3）支撑中央、部门、地方多层次节约集约用地机制建设。一是区域层面。有力地支撑了国家省级行政辖区内单位 GDP 和固定资产投资规模增长的新增建设用地消耗考核工作，31 个省（自治区、直辖市）评价考核结果已应用于土地利用年度计划指标编制、执行监管和考核奖惩中，为实施计划差别化管理提供了重要依据。二是城市层面。以评价成果为依据，辽宁省、湖南省、广东省、济南市、南京市、长沙市、成都市等地区及城市，制定了建设用地节约集约的标准、考核办法等政策措施，建立了动态监管与奖惩机制，为编制区域规划、土地利用总体规划，提高城市土地管理水平提供了科学依据。三是县（区、市）层面。项目成果应用于“国土资源节约集约模范县（市）创建活动”中，极大地褒奖了节约集约用地的行为，营造了良好的社会氛围。四是开发区层面。三轮开发区评价成果被国家发展和改革委员会、商务部等部门持续应用，巩固了开发区治理整顿成果，为制定开发区宏观调控政策、规范扩区升级审核、建立动态监管机制提供了科学依据。

（4）引领了节地科技研究发展及人才队伍建设。项目技术规程被广泛应用，引用达 1610 次；项目完成了我国首篇有关城市土地集约利用研究的博士论文，发表和出版了一批高质量论文与专著，培养硕、博士研究生多名，推动了相关学科建设，培训、储备了近万名技术人才；带动了国家和地方科技支撑计划项目课题开展，多项试点研究成果获奖。

（5）项目应用取得了显著的经济效益。项目成果在多个城市得到广泛应用，如济南市、南京市、成都市等城市将评价成果应用于城市低效用地挖潜改造，产生间接经济效益超过 800 亿元；参评的国家级开发区经三轮评价，逐步加大节地力度，用地强度、效益等相应提高，折合节约工矿仓储用地约 1 万公顷，节地率约 9%。

（6）评价工作及有关成果得到社会各界的广泛关注，产生了积极的社会影响。项目研究工作及成果多次被人民网、新华社、中国国土资源报等主流媒体宣传报道，尤其是在近两年的“6 · 25”土地日活动中得到了广泛宣传，营造了积极的节约集约用地社会氛围，对于促进节约集约用地公德意识和社会共同责任的形成发挥了重要作用。

全国多级网络化地价监测技术系统研建与规模化应用

一、成果基本情况

主要完成人：周建春、赵松、吴海洋、田彦军、刘彦、毕继业、朱珍珍、周光源、王光磊、关文荣、邹晓云、姜栋、马素华、董为红、伍育鹏。

任务来源及编号：土地调查评价项目"城市土地调查与集约利用潜力评价"（12110705051039），"城市土地价格调查与监测"（1211070620014）。

任务起止时间：1999年12月至今。

知识产权支持与获奖情况：取得1项计算机软件著作权（中国城市地价动态监测信息系统V1.0，登记号为2012SR047467）；制定1项行业标准《城市地价动态监测技术规范》（TD/T 1009—2007）；修订并发布2项国家标准《城镇土地分等定级规程》（GB/T 18507—2014），《城镇土地估价规程》（GB/T 18508—2014）；获2012年度国土资源科学技术一等奖。

二、主要成果

（1）构建了覆盖全国105个主要城市、6个省（自治区）、4个重点经济区的城市地价动态监测网络，布设国家、省两级标准宗地17500余宗，覆盖建成区面积超过全国地级以上城市建成区面积的70%，采集地价基础属性数据及空间数据超过2TB。

（2）编制以中国城市地价指数为核心的，持续10余年、时空连续的多层级地价指标序列，每季度、年度定期向社会发布。

（3）撰写专题分析研究报告及政策建议70余件，部分已转化为宏观调控或土地管理政策。

（4）研制并发布行业标准《城市地价动态监测技术规范》（TD/T 1009—2007）；修订

并发布国家标准《城镇土地分等定级规程》(GB/T 18507—2014)、《城镇土地估价规程》(GB/T 18508—2014)。

(5) 出版专著、论文集 14 部，《中国城市地价图集》3 部，发表论文 80 余篇。

(6) 获得 1 项软件著作权：中国城市地价动态监测信息系统（软著登字第 0415503 号）；获国家 ICP 许可，持续运行 10 余年的专业网站 1 个——中国地价网（京 ICP 备 06008977)。

(7) 形成了一支专业技术队伍，包括采集监测地价信息的土地估价师 1960 余名，专业技术机构 620 余家。

三、主要创新点

1. 创新性

项目成果在地价内涵及地价监测理论与技术方法、规模化地价监测、国土资源调查统计制度、地价指数序列等方面具有创新性。

首次提出“监测地价”概念,创新和发展了一套中国城市地价动态监测理论与方法体系，构建了地价动态监测指标体系，完善了地价时空指标测算与分析模型，丰富了我国地价及地价管理体系，研制、修订了一批国家标准、行业标准。

首次建立了国家—省级—城市多级联动、工程化推进的全国地价动态监测网络，在我国快速城市化、区域差异显著的背景下实现了地价动态监测的规模化推进。

创新了土地估价师独立采集地价信息，专业团队综合研判市场，第三方全程监管评估的国土资源信息调查统计机制，保障动态获取真实准确的地价信息。

首次形成了跨度 10 余年、时空连续的多层级的地价指标序列及图数一致的成果，持续开展地价房价关系、土地市场与宏观经济关系、周边国家和地区地价竞争力比较等专题研究。

2. 先进性

国内外同行业中，项目成果在多方面具有先进性。

一是通过定期、定点采集不同城市不同用途的标准宗地监测价格，实现了“同质可比”，科学监测。相关研究及做法填补了国内空白，并首开发展中国家的先例。

二是率先提出以实际面积加权和多种方式平滑的地价指标测算模型，在城市快速扩张的过程中，保证了监测地价的区域可比、时序可比，测算模型科学先进。

三是季度监测与热点城市月度调查相结合的短周期监测技术，适应了我国经济高速发展的客观要求，监测频度高于日本、韩国的一年一次、德国的两年一次。

四是研制并跟踪修订了我国土地领域的首批国家标准，制定了 1 部行业标准，填补了国内不动产市场监测领域的空白，解决了城镇土地评价的科学化、标准化问题。

五是运用先进的科技手段，采用系统集中 / 分布式相结合的多层级管理模式，开发研建了中国城市地价动态监测系统；采用面向服务（SOA）及企业服务总线（ESB）应用结构体系，构建了全国最具规模的地价动态监测数据库；建立并运行了国内权威的专业网站——中国地价网，实现了国家端、城市端、公众端的多级管理和应用。

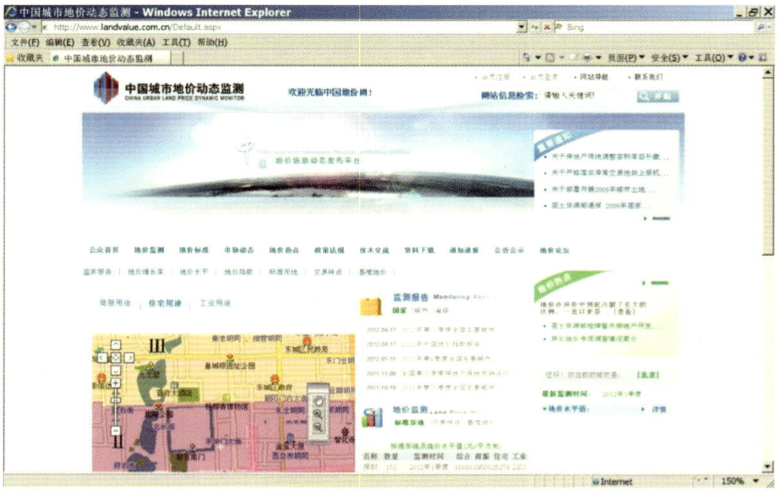

▲ 中国地价网

3. 实用性

实用性主要体现在国家、地方政府、研究机构、社会公众等四个层面：一是为国家级土地管理战略的制定和宏观调控提供技术支撑；二是为地方政府在土地资产总量核算、地价走势研判、出让底价确定及基准地价更新等基础工作提供依据；三是为中外研究机构提供全国、重点城市、重点区域的全面、客观的基础数据与专业分析；四是每季度、年度通过中央电视台、中国地价网等媒介向社会发布地价监测成果，为社会公众提供权威、便捷的专业信息。

四、成果意义及效益

项目成果在土地管理参与国家宏观调控及房地产市场调控中发挥了重要的数据支持作

用，受到同行专家的高度评价及社会公众的普遍认可。监测指标已先后被纳入国土资源统计制度及《中华人民共和国国民经济和社会发展统计公报》、《国土资源公报》，研究报告多次被直接供中央领导参阅的《昨日要情》、《专报信息》采纳，成为中央领导研判宏观形势的基础数据之一，部分成果先后获得温家宝、李克强等国家领导人的肯定、批示并直接体现于调控政策中。此外，从2003年开始，主要监测成果均被中国社会科学院的房地产蓝皮书——《中国房地产发展报告》收录。

人民日报
RENMIN RIBAO
"产城一体"统筹城乡
全国科技创新大会在京举行
胡锦涛温家宝发表重要讲话
吴邦国贾庆林李长春习近平李克强贺国强周永康出席
温家宝在江苏调研时强调
把抑制房地产投机投资性需求作为一项长期政策
社论
深化科技体制改革 实现创新驱动发
习近平出席"世界和平论坛"开幕式并致辞

▲ 中央领导采纳地价监测成果

项目成果在各地普遍应用于土地资产总量核算、地价走势研判、出让底价确定、基准地价更新、确定闲置土地费等基础工作，具有显著的应用成效。如辽宁省将成果应用于土地出让底价评估，3年间显化土地资产483亿元；沈阳市、厦门市等城市使用监测数据更新基准地价，提高工作效率；天津市在2009—2011年间，利用监测成果确认了740宗地的地价款补缴；合肥市根据成果确定收取土地闲置费2300余万元。

▲ 中央电视台新闻频道报道地价监测成果

项目成果的及时发布，在引导社会舆论，服务于公众和专业团体的信息需求方面起到了良好作用。例如，在中国地价网上定期向社会发布季度和年度监测成果及分析报告，成为社会各界获取权威地价信息的直接渠道；广大估价师及估价机构根据成果及时了解地价变动、洞悉市场走势，辅助专业评估服务；深圳市、厦门市等多个城市将监测成果在官方网站、报纸等媒介上实时发布，为稳定房地产市场、科学分析市场走势起到良好的导向作用。

城市化地区产业用地调查与评价关键技术研发与示范

一、成果基本情况

主要完成人:汪秀莲、白晓飞、胡小华、张军连、张炳智、高飞、严金明、郑延敏、张嘉、吴兆福、谈媛媛、路振华、王晨、林锡艺、季宏伟。

任务来源及编号:国土资源部公益性行业科研专项（200911014）。

任务起止时间:2009 年 7 月—2012 年 12 月。

验收时间:2014 年 1 月 7 日。

知识产权支持与获奖情况:取得软件著作权 4 项，获 2015 年度国土资源科学技术二等奖。

取得软件著作权情况

已授权项目名称	知识产权类别	国别	授权号
产业用地数据采集系统 V1.0	软件著作权	中国	2013SR014633
产业用地集约利用评价与预警系统 V1.0	软件著作权	中国	2012SR076514
产业用地优化配置与调控管理决策支持系统 V1.0	软件著作权	中国	2012SR106824
产业用地综合数据库管理系统 V1.0	软件著作权	中国	2013SR012178

二、主要成果

（1）攻克了产业用地数据采集、整合与建库的难题。应用面向空间对象的理论和大数据的方法，明确了产业用地对象的划分方法、组成要素和分类体系，确立了产业用地对象的实体关系模型，建立了地籍调查、经济普查等数据的有效关联，制定了《产业用地综合数据库标准》和《产业用地综合数据库整合与建设技术规范》，研发了产业活动单位和镇（街）两种数据基础的产业用地调查技术体系，解决了产业用地数据之间一对多、多对一的关联难题，建立了产业用地综合数据库。

（2）研发了产业用地集约利用评价和预警技术。运用数值分析、待定系数等方法，从规模、结构、强度、布局等方面创建了产业用地关联度分析模型。采用概率统计和逻辑推理等方法，构建了混合产业用地面积分摊模型，解决了多用途宗地的产业用地面积计算问题。利用相对权重、多维度分析等技术，从区域、主导产业和宗地角度，构建了宏观、中观、微观三个层次的产业用地评价指标体系和预警模型，编制了《产业用地集约利用标准》和《产业用地集约利用评价与预警技术规程》，开发了“产业用地集约利用评价与预警模型”系统。

▲ 产业用地集约利用评价与预警模型系统

（3）实现了产业用地规划及相关规划协同耦合。以现行《国民经济行业分类》、《土地利用现状分类》和《城市用地分类与规划建设用地标准》为基础，提出了产业用地分类构建方法。以资源环境容量、国民经济和社会发展规划、土地利用总体规划和城市规划中相关控制指标和政策条件为约束，将多种结构优化模型组合应用，推演出高、中、低多目标方案下产业用地数量结构最优区间，制定了重点、一般、限制、禁止等四种类型产业用地控制分区规则及差别化管制措施，编制了《产业用地规划编制技术规范》。

（4）研发了产业用地优化配置与调控管理决策支持系统。采用软件工程方法，集成了产业用地调查、评价与规划技术，封装了产业用地评价、预警和规划等模型，开发了“产业用地优化配置与调控管理决策支持系统”，实现了产业用地数据查询统计、评价预警、规划分析、成果展示等辅助决策支持，并在示范区进行了应用验证。

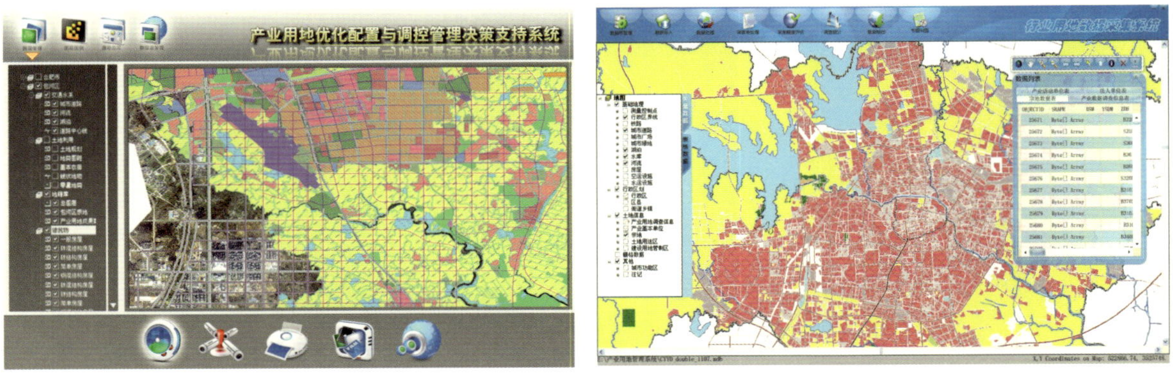

▲ 产业用地优化配置与调控管理决策支持系统

项目形成的 4 个软件取得软件著作权，编制的 5 项标准已在广州市等多地应用，在国内外有影响的刊物上发表论文 20 余篇，出版专著 3 部，并多次被引用。

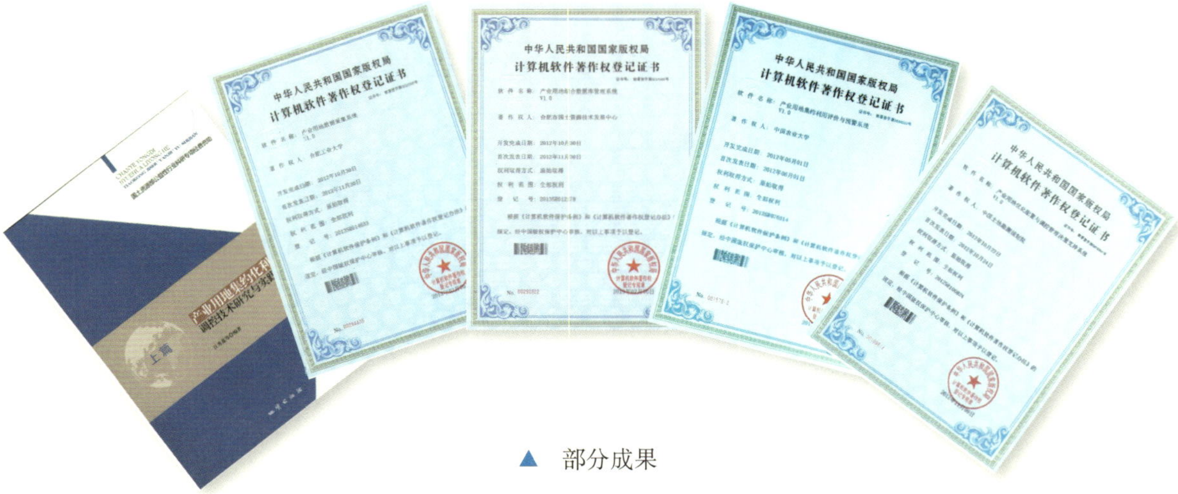

▲ 部分成果

项目成果通过了国土资源部组织的专家验收，专家认为该项目成果在实现宗地与产业活动单位的有效关联等方面实现了创新。通过科技查新，关键技术国内外未见报道，项目整体水平国内领先。

三、主要创新点

通过本项研究，在许多关键技术方面取得突破性进展。主要创新点包括以下四个方面：

（1）基于土地调查、经济普查等数据的空间相关性，创建了产业用地实体对象的关系模型；利用大数据的方法，解决了产业用地数据获取的技术难题。

（2）利用数学模型、待定系数等多种数学方法，创建了产业用地的规模、结构、强度和布局等四个方面的关联度分析模型，定量描述了产业与产业用地的互动关系。

（3）研发了三级收敛的产业用地集约利用评价指标体系，创建了适应不同经济发展水平的产业用地评价模型和预警模型，为产业用地评价提供了理论技术依据和全新的技术方法手段。

（4）在产业用地分类体系构建的基础上，运用多种优化模型，推演出高、中、低多目标方案下产业用地数量与结构的最优区间，提出了产业用地控制分区规则及差别化管制措施，为产业用地规模、结构与布局的调控提供有力的技术支撑。

四、成果意义及效益

2009 年至今，项目成果得到了国土资源部认可，并被推广应用（《国土资源部办公厅关于开展 2012 年度城市行业用地调查试点的通知》（国土资厅函〔2012〕967 号），《国土资源部办公厅关于开展 2013 年度城市行业用地调查试点的通知》（国土资厅函〔2013〕792 号））。项目应用范围覆盖 10 省 11 市，包括了我国东中西部各类产业发展地区，具有典型的代表性，调查面积总计 2584 平方千米，整合宗地近 16 万宗，实现了 20 万家产业单位信息的落地，形成了系列产业用地调查数据成果、产业用地集约评价成果以及一系列地方政策性文件，如广州市出台《广州市产业用地指南》，合肥市签订了政府部门数据共享协议等，取得了显著的社会效益。

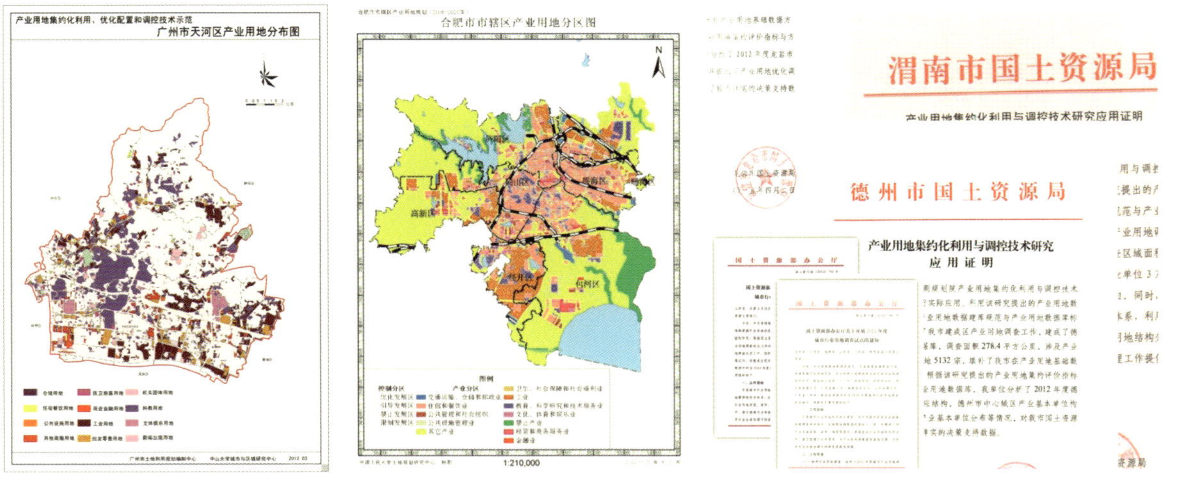

▲ 相关技术应用

重点地区土地综合承载力调查评价

一、成果基本情况

主要完成人：贾克敬、李宪文、祁帆、徐小黎等。

任务来源及编号：土地调查评价项目"重点地区土地综合承载力调查评价"。

任务起止时间：2011 年 1 月至今。

二、主要成果

（1）形成了 5 个重点城市和 5 个重点地区土地综合承载力评价结果。形成了上海市、南昌市、兰州市、呼和浩特市、雅安市等 5 个城市，桂西资源富集区、长株潭城市群、江苏沿海地区、山东半岛城市群、杭嘉湖平原等 5 个重点地区土地综合承载力评价报告和基础数据集。其中，评估报告分析判定了这些城市和地区资源环境短板要素，测算了土地综

▲ 部分成果报告

合承载状态和承载潜力，从国土空间开发引导和国土资源可持续利用等方面提出提升土地综合承载力的相关建议；基础数据集包括这些城市和地区的土地资源、水资源、地质环境、生态状况、环境质量等资源环境矢量数据和统计数据，以及人口、GDP、固定资产投资等社会经济统计数据。

（2）初步建立了土地综合承载力评价技术方法。研究提出了土地综合承载力评价指标体系，形成了土地综合承载力评价技术方法和业务模型；研究提出了土地利用变化环境影响评估、建设用地适宜性评价技术方法，形成了相关研究报告。

（3）形成了土地综合承载力评价技术规范。研究提出了重点地区土地综合承载力评价技术指南（修改稿），界定了基本概念内涵和主要任务，提出了评价的基本原则，初步确定评价的主要内容和一般程序，构建了普适性评价指标体系和主要技术方法，初步明确了评价成果形式、内容和图件要求。

▲ 中期成果交流会

▲ 技术研讨会

三、主要创新点

（1）创新性地将“底线思维”和“木桶效应”理论应用到土地承载力评价工作，并形成普适性的土地综合承载力评价技术方法。项目研究重点从土地为核心的资源环境本底条件对国土开发的限制性方面入手，寻找和判定对一个地区国土开发形成最大制约的资源环境“短板”要素，设计有针对性的承载力评价指标体系，以短板要素为核心开展土地综合承载力评价，提出引导人口集聚、产业发展，促进技术进步、经济投入等多种手段提升区域土地综合承载力的政策建议。

（2）项目研究采用了先进的技术方法。针对不同的评价目标分别采用指标评价、情景预测、空间分析等多种方法。在土地综合承载状态评价方面，主要通过遴选关键指标、建立指标体系、确定指标权重、确定指标阈值、计算综合指标值的方法，形成承载状态的评价结果；在土地综合承载潜力评价方面，主要通过选择土地综合承载潜力测算模型，设定边界条件和变量，模拟测算不同经济社会发展情景下的承载潜力；在土地综合承载力空间差异评价方面，采用 GIS 分析和空间统计方法，判别不同区域土地综合承载力差异。

（3）项目研究成果对支撑重点地区土地利用管理决策具有重要作用。项目研究评估了重点地区土地综合承载状态和承载潜力，提出优化国土开发格局，引导人口集聚、产业和城镇发展的政策建议，有效支撑了部分区域的国土规划、土地利用规划编制和土地管理决策。

四、成果意义及效益

（1）有关评价技术方法应用在《全国国土规划纲要（2014—2030 年）》等国家重大规划决策中。在《全国国土规划纲要（2014—2030 年）》编制过程中，应用项目研发的承载力评价技术方法，开展了资源环境承载力综合评价，从评估国土开发的限制性"短板"要素入手，识别国土开发的资源环境限制性要素及限制程度，判别不同区域的资源环境的相对承载能力，为《全国国土规划纲要（2014—2030 年）》分类分级保护格局的形成提供了直接支撑。在《国家新型城镇化规划》中，对 19 个城市群开展资源环境承载评价，系统评估 19 个城市群面临的土地资源约束、水资源约束、生态环境约束、规划约束以及政策约束，为规划确定城市群发展格局和战略提供重要支撑。

（2）有关评价结果和技术方法应用在重要区域国土规划和土地利用规划编制中。项目形成的技术方法应用在京津冀协同发展土地利用规划编制过程中，开展了京津冀地区资源环境承载力评价、城镇建设开发限制性和适宜性评价，提出了优化京津冀地区国土空间开发格局的相关建议，相关成果提交国务院及各相关部门，为推进京津冀地区协同发展提供了重要的决策参考。张高丽副总理在阅研成果后作出重要批示："要重视和用好评价成果，请京津冀协同发展领导小组办公室和专家咨询委员会认真研酌"。此外，项目形成的桂西资源富集区土地综合承载力评价成果直接为《桂西资源富集区国土规划》的编制提供了信息服务和决策支持。

村镇节地控制关键技术研究与示范应用

一、成果基本情况

主要完成人：郭旭东、周建春、朱道林、曹广忠、吕春艳、诸培新、陈瑜琦、古春、佘远见、段文技。

任务来源及编号：国家“十一五”科技支撑课题“村镇节地控制关键技术开发”(2006BAJ05A03)，国土资源大调查项目“土地节约集约与可持续利用关键技术与措施研究”(1211070602033)。

任务起止时间：2007 年 1 月—2011 年 1 月。

验收时间：2011 年 1 月。

知识产权支持与获奖情况：取得 6 个软件著作权，获 2015 年度国土资源科学技术二等奖。

二、主要成果

(1) 首次提出村镇土地节约集约利用区划技术。解决了已有研究多忽视区域差异，单纯从土地集约节约指标体系入手，得出的评价结果可比性差、应用性不强等问题，实现了村镇土地集约利用区域的自动分类、快速识别和评价结果的有效比较，为国家分区制定土地节约集约利用政策提供了重要的基础性信息和技术支撑。

(2) 提出了基于空间分布的村镇建设用地潜力挖掘和释放技术。解决了以往村镇建设用地集约利用研究评价结果多为规模的大小、缺乏空间的比较，多集中理论潜力的“评价”、缺少潜力如何“挖掘”“释放”路径等问题，实现了村镇存量建设用地潜力分空间、分时序、分类型的有效利用。

（3）提出了村镇建设用地节约集约利用效果评价技术。解决了以往村镇建设用地节约集约利用评价多注重经济效益，而忽视生态环境效应及村镇建设用地节约集约利用制约要素发现难等问题，实现了村镇建设用地节约集约利用效果的全面、科学、准确、快速诊断。

（4）编制标准3项，出版专著2部；开发软件系统7套，获得6个软件著作权（村镇存量建设用地潜力分析软件、村镇存量建设用地潜力模拟系统、村镇土地利用节约效果评价系统、村镇土地利用结构优化仿真模型软件、土地利用变化空间分析系统、土地利用转移矩阵系统）；发表学术论文33篇，其中SCI 检索1篇，EI检索3篇。培养青年科技骨干16人，博士4名，硕士13 名，培养地方业务骨干80余名。

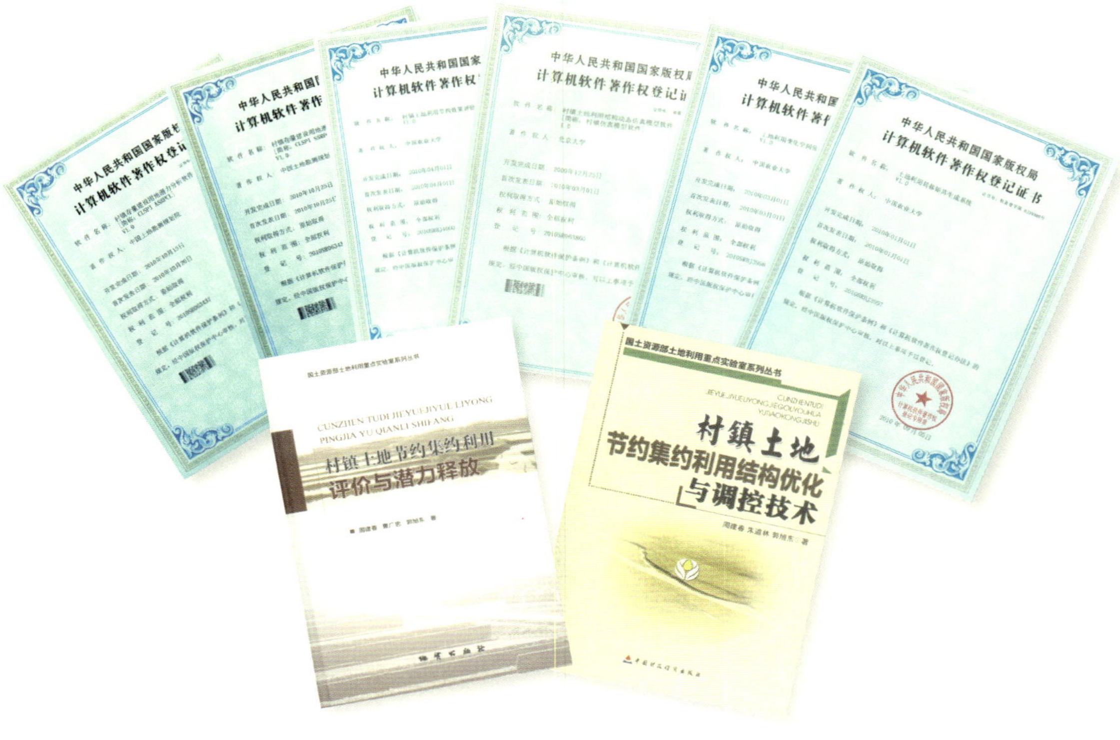

▲ 课题形成的部分成果

三、主要创新点

1. 首次提出村镇土地节约集约利用区划技术

在深入分析全国不同类型地区村镇土地节约集约利用区域差异形成机制的基础上，从气候、土壤、地貌等村镇土地节约集约利用的本底约束条件和区域基础设施、经济、社会、城镇化发展水平等用地水平方面，兼顾村镇土地利用的理论潜力和现实可操作性，提出了村镇土地节约集约利用区划指标体系。通过主成分分析提取因子开展综合评价，通过层次聚类分析实现区域识别和划分，建立了村镇土地节约集约利用区划方法和模型，完成了全国 31 个省级单元（省、自治区、直辖市）和 151 个地级单元（地区、市、州、盟）的村镇土地集约利用评价和重要指标测算，提出了基于省、地市级单元的全国村镇土地节约集约利用区划方案和区划系统，实现了村镇土地集约利用区域的自动分类、快速识别和评价结果的有效比较，为国家分区制定土地节约集约利用政策提供了重要的基础性信息和技术支撑。

（1）提出了基于村镇土地节约集约的区域类型表征和识别技术。村镇土地节约集约利用的区域特征表现复杂，不同类型区域村镇集约利用评价缺少可比性指标和共性标准，分区用地指导缺乏技术依据。本成果基于村镇土地利用现状及影响因素的系统分析，考察客观用地条件和现状集约水平并定量分析指标影响作用关系，建立了区域差异的指标体系，确立了分地域类型的村镇土地节约集约利用综合评价标准，提出了村镇土地节约集约利用要素测算和层次聚类分区方法，解决了可比性指标和分类标准缺失问题，形成了面向村镇土地节约集约利用分区指导的区域类型划分技术。

（2）建立了村镇土地节约集约利用区划模型与系统。构建了村镇土地节约集约利用区划指标库、方法库和决策库一体的村镇土地节约集约利用区划模型与系统。通过指标要素的空间插值技术、村镇—县—市—省多尺度指标要素转换、模糊聚类与人工识别相结合等技术相结合，实现了海量要素指标数据的空间自动匹配和区划分类的快速评价，实现了村镇土地集约利用区划的智能化、自动化和业务化流程。

（3）提出了基于省级单元的全国村镇土地节约集约利用区划方案。基于省级单元的村镇土地节约集约利用评价和区划方案的缺失对国家分区指导村镇建设节约集约用地产生了技术约束。本成果以识别和判定区域村镇土地节约集约利用特征和分区分类提供技术指导、有序提高村镇土地节约集约利用水平为技术基础和目标，完成了全国 31 个省级单元（省、自治区、直辖市）和 151 个地级单元（地区、市、州、盟）的村镇土地集约利用评价和重要指标测算，提出了全国村镇用地节约集约区划方案，编制了村镇土地节约集约利用区划规程，为国家掌握全国村镇土地节约集约利用状况、分区制定土地节约集约利用政策提供了重要的基础性信息。

2. 建立了村镇存量建设用地潜力挖掘与释放技术

以往村镇建设用地集约利用研究多集中于潜力的“评价”，而较少涉及这种“潜力”如何“挖掘”并“释放”出来；大部分工作停留在理论层面，与实践应用存在一定脱节；评价结果多为规模的大小，缺乏空间的比较。本成果从村镇合理利用规模测算技术出发，提出了村镇建设用地潜力空间分布评价、潜力挖掘和潜力释放技术，实现了村镇存量建设用地潜力分空间、分时序、分类型的有效利用。

（1）提出了村镇土地合理利用规模测算技术。如何确定村镇土地合理利用规模一直是土地集约利用评价的难题。以往研究单纯从影响村镇合理利用规模的因素出发，测算结果差异较大；多就村镇整体提出规模指标，较少细化到建设用地类型。本成果采用计量经济模型，针对人口集聚潜力，从成本收益的角度，提出了用于确定不同区域、不同类型村镇的人口集聚潜力模型，实现了村镇合理利用规模客观准确估算。

（2）首次提出了基于空间差异的村镇建设用地潜力挖掘技术。以往村镇建设用地潜力评价注重数值比较，缺乏空间表达；数、地、空间的不一致导致评价的结果很难应用于村镇建设用地潜力的挖掘实践。本成果在建设用地潜力评价基础上，采用大比例尺成图技术、数学分析和计算机模拟等手段，将村镇建设用地适宜性评价与建设用地潜力评价进行有效空间匹配，解决了村镇建设用地潜力数、地和图的不一致问题，实现了村镇建设用地潜力挖掘空间的差异化和精细化表达。

（3）提出了村镇建设用地潜力释放方案。针对以往建设用地集约利用研究多停留在评价层面，潜力释放实践操作性不强的问题，本成果提出了释放模式分类控制、潜力测算空间分析和时空组合分序释放相结合的村镇存量建设用地释放方案。即首先根据村镇区位和村镇建设用地利用特点，提出分类控制的村镇存量建设用地释放模式；然后根据村镇建设用地潜力等级和建设用地适宜性等级，建立潜力释放优先序选择矩阵；最后结合镇区总体规划、新农村建设规划等相关规划，提出了农村居民点和工矿用地的分时序、分空间的释放方案。该方案操作性强，应用于地方开展乡镇规划、土地整治、增减挂钩等工作中，显著提升了工作的科学性和效率。

3. 提出了村镇建设用地节约集约利用效果评价技术

以往关于建设用地节约集约利用评价多注重土地的“利用强度”和“利用效率”，而忽视了“利用效果”；多强调土地利用的经济属性，对生态和环境效应重视不够；评价方法过度强调“综合指标法”的综合性，而忽视或者隐蔽了不同类型区、不同用地的节约集约利用关键要素。本成果以村镇建设用地为研究对象，从自然、社会、经济等方面综合考虑，提出了“节地效果分析”的内涵、对象、目的和作用，并基于节地技术、标准的应用预期效果体现，建立了村镇节地效果分析指标体系和评价方法，开发了村镇节地效果分析与调控软件，解决了村镇建设用地节约集约利用制约要素发现难的问题，实现了村镇建设用地节约集约利用效果的全面、科学、准确、快速诊断。

（1）提出了村镇建设用地节约集约利用效果评价指标体系。针对村镇土地节约集约利用评价重视“潜力评价”、忽视“效果评价”，关注经济效果、忽视生态环境效应的问题，本成果在考虑村镇建设用地的利用效率和投入产出水平基础上，进一步以村镇建设用地的合理利用为前提条件，以土地集约利用监管绩效为制度保证，构建了县、乡、村多级村镇建设用地节约集约利用效果指标体系。将建制镇行政辖区范围内的城镇与农村居民点用地作为一个整体，提出了反映生态和环境效果的指标，回答了村镇建设用地利用是否合理、是否集约、是否环境友好的综合效果问题，实现了客观全面评价村镇土地节约集约利用状况，为新时期国家大力推进“生态文明”建设下开展村镇土地集约利用评价工作提供了技术支撑。

（2）构建了村镇建设用地节约集约利用效果评价方法。针对当前建设用地节约集约利用评价中重视“多指标”的综合性，而忽略了影响土地节约集约利用的关键要素和因子的问题，本成果提出了单项评价和综合评价相结合的效果评价方法。通过单指标枚举评价的序列表达，发现了村镇建设用地节约集约利用制约因子；通过多指标综合评价法评价村镇建设用地节约集约利用的综合效果及其实现程度。示范区应用表明，单项评价与综合评价相结合的评价方法简明科学，既做到了制约因子的有效识别，又实现了节地效果的综合评价，评价结果可以直接指导于村镇建设用地节约集约利用实践。

（3）提出了村镇建设用地节约集约利用预警与调控技术。针对当前村镇建设用地节约集约利用评价大多只关注现状，对未来集约利用状况评价不够，也缺乏相应的技术方法的问题，本成果提出了村镇建设用地节约集约用地预警与调控方法，在村镇建设用地节约集约利用的“瓶颈”和关键性因素基础上，构建了以因子贡献度 Uk、指标偏离度 Vk 和因子障碍度 Ak 为核心指标的诊断模型，研制开发了村镇建设用地节约集约利用效果分析与调控技术软件，通过因子贡献度 Uk、指标偏离度 Vk 和因子障碍度 Ak 的时空变化模拟，实现了村镇土地节约利用效果预警，为调控政策的制定提供了技术支撑。该技术可广泛应用于现阶段城乡土地整治、城乡建设用地增减挂钩等项目规划与实施评价领域。

四、成果意义及效益

课题形成的重大关键技术、标准、软件系统在示范区得到了较好应用，通过应用该课题整套技术，示范区村镇土地空间的使用效率和质量得到大幅提高。粗略估算，释放存量土地 200 ~ 300 亩，提高土地利用率 4% ~ 5%，整体节约土地 20% ~ 30%。农民的生产、生活条件和农村生态环境得到改善，经济效益和生态效益突出。课题研究在四川省、江苏省、安徽省等相关事业单位、示范区（市）县培养了80余名优秀的科技骨干，有力地推动了农村地区土地集约节约利用管理水平的提升。

同时，课题提出的村镇建设用地潜力评价释放技术、居民点集约利用标准估算方法，应用到成都、太仓等80多个乡镇规划和农村居民点整理工作方案制订中，并对四川省、江苏省、安徽省、北京市、山东省等120多个村镇集约利用潜力进行了评价，开展了技术培训，具有很好的社会效应。同时，课题成果也在《全国节约集约模范县（市）创建评价标准》《四川省城乡建设用地增减挂钩规范意见》、《四川省国土资源节约集约模范县（市）创建评价标准》等国家和地方有关政策制订中被采纳。

土地利用规划环境影响评价理论、方法与实践

一、成果基本情况

主要完成人：贾克敬、徐小黎、何春阳、赵媛媛、徐伟、田志强、杨枫、苏东袭、陈莹、祁帆、王菲菲、赵云泰、张晓玲、刘康、王宏。

任务来源及编号：国土资源部公益性行业科研专项经费项目“土地利用规划环境影响评价关键性技术研究”(200811035)。

任务起止时间：2008年1月—2012年1月。

验收时间：2012年1月12日。

知识产权支持与获奖情况：取得1项软件著作权，获2014年度国土资源科学技术二等奖。

二、主要成果

(1) 研制了《省级土地利用总体规划环境影响评价技术指引》(国土资发〔2005〕277号)和《市级土地利用总体规划环境影响评价技术规范（试行)》(国土资厅发〔2009〕79号)。

(2) 编写了全国第一个由国务院审批通过的土地利用总体规划环境影响评价说明。

(3) 建立了一套针对性强、便于操作的土地利用总体规划环境影响评价指标体系和技术方法体系，完善了规划环评理论与方法。

(4) 提出了4类土地利用总体规划环境影响评价的新方法，包括建设用地扩展边界规划方法、建设用地空间布局规划的环境影响评价方法、基本农田保护区规划的环境影响评价方法和地震灾后自然生态系统损失评估方法，构建了土地利用规划环境评价的特有方法。

（5）出版《土地利用总体规划环境影响评价理论方法与实践》，发表学术论文16篇；取得“土地利用规划环境影响评价系统”软件著作权，登记号：2010SR056479。

▲ 部分成果

三、主要创新点

（1）首次建立了针对我国不同等级土地利用总体规划的环境影响评价指标体系（学科分类 640.3020H 土地利用（规划）环境影响评价）；首次建立了一整套针对性强、便于操作的我国土地利用总体规划环境影响评价技术方法体系（学科分类 640.3020H 土地利用（规划）环境影响评价）；相关指标和方法体系分别在上海市、北京市和深圳市宝安区开展了示范应用，检验了指标体系和方法技术体系适用性和可操作性的同时，也及时认识了土地利用总体规划的主要生态环境问题，为区域土地利用总体规划的科学开展提供了依据。

（2）发展了土地利用规模和结构调整的环境影响评价方法，并在北京市、深圳市宝安区成功应用；发展了建设用地空间布局的环境影响评价方法和基本农田布局的环境影响评价方法，并在上海市成功应用；发展了地震灾后自然生态系统损失评估模型，评估了玉树地震对自然生态系统的影响，提出的“生态现行”的土地利用规划建议得到采纳。

（3）首次编制了我国《省级土地利用总体规划环境影响评价技术指引》（国土资发〔2005〕277号）和《市级土地利用总体规划环境影响评价技术规范（试行）》（国土资厅发〔2009〕79号）；两个技术规范是我国土地利用总体规划环境影响评价相关的首批行业标准，已经在全国范围内推广使用，推动了我国土地利用总体规划环境影响评价工作的规范化和业务化。

四、成果意义及效益

（1）在第三轮土地利用总体规划编制中，全国 31 个省（自治区、直辖市）和 300 多个地级市都依据两个规范开展了规划环境影响评价工作。国内一些高等院校和公司在承接相关业务时同样以项目成果为指导，有力地推动了我国土地利用总体规划环境影响评价工作的规范化和业务化。

（2）在国土资源部组织下开展 10 多次培训，培训对象数千人，培养了全国土地利用总体规划环境影响评价专业技术力量和队伍。

（3）项目组开展了《全国土地利用总体规划纲要（2006—2020 年）环境影响评价研究》，在此基础上完成了《全国土地利用总体规划纲要（2006—2020 年)》环境影响评价说明，并报国务院批准通过。研究对全国土地利用规模和结构调整、减缓《全国土地利用总体规划纲要（2006—2020 年)》不利的环境影响提出建议，为我国社会、经济和环境可持续发展提供重要支撑。项目组先后承接了北京市、上海市、深圳市宝安区土地利用总体规划环境影响评价项目，在这些地区开展了土地规划环评实践，评价结果为调整土地利用规模和结构、优化土地利用空间格局、减缓土地利用带来的不利环境影响提供借鉴和参考，为促进特大城市社会、经济和环境可持续发展提供重要支撑。

（4）2010 年 4 月，青海省玉树藏族自治州玉树县发生 7.1 级地震，本项目综合利用卫星遥感数据、地理信息系统辅助数据和社会调查数据，在第一时间内快速评估了青海玉树地震对区域生态系统的影响，并就编制灾后重建土地利用规划提出了“灾后规划，生态先行”的重要建议，为玉树地震灾后的土地利用规划编制提供了科学依据和决策支持，为地震救灾快速响应机制提供示范，为玉树灾后重建土地利用专项规划编制提供重要支撑，为灾后恢复重建作出了积极贡献。

国土规划理论方法与实践

一、成果基本情况

主要完成人：张晓玲、贾克敬、刘康、祁帆、杨枫、田志强、王菲菲、徐小黎、陈莹。

任务来源及编号：新增建设用地有偿使用费项目课题"全国国土规划纲要编制"(XZ121201–06)。

二、主要成果

经国务院同意，国土资源部、国家发展和改革委员会于2010年联合筹备启动《全国国土规划纲要（2014—2030年）》(以下简称《纲要》）编制工作。编制工作具体由中国土地勘

▲ 组织召开专家研讨会

测规划院牵头承担，国土资源部信息中心、中国国土资源经济研究院主要参与。《全国国土规划纲要（2014—2030年）》编制经过专题研究、文本编制、征求意见、修改完善、论证会签等五个阶段，历时4年，于2013年10月29日正式上报国务院，目前正在根据党和国家新的要求修改完善，准备再次会签上报。与此同时，先后开展了辽宁省、河南省、广西西江经济带及桂西资源富集区等省和区域国土规划编制工作，取得丰富的地方实践成果。《全国国土规划纲要（2014—2030年）》发布实施后，将在全国范围内启动省级和区域国土规划编制工作。

（1）形成了全国国土规划纲要的编制思路和成果。在资源环境承载力评价基础上，分析了我国国土空间开发利用的现实问题和面临挑战，提出了我国国土空间集聚开发、分类保护和综合整治的总体目标、战略格局、主要任务和强化区域联动发展、基础设施支撑和资源保障的政策措施，编制形成了《全国国土规划纲要（2014—2030年）》送审稿、规划说明、图件和有关重大专题研究成果。

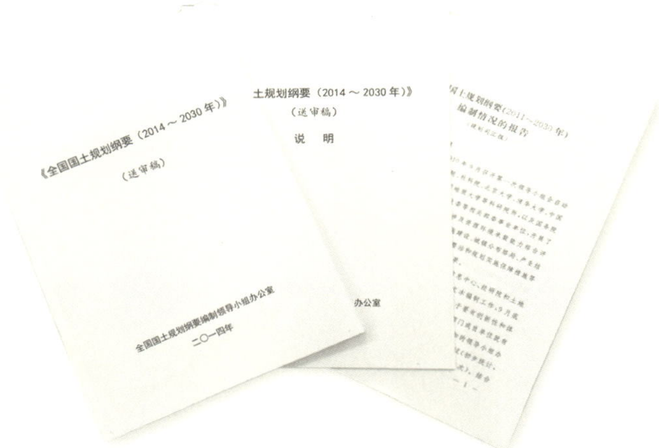

▲ 全国国土规划纲要

（2）形成了辽宁省、河南省、广西西江经济带及桂西资源富集区等省和区域国土规划成果。在《全国国土规划纲要（2014—2030年）》基础上，联合地方规划院和相关部门，开展了辽宁省、河南省、广西西江经济带及桂西资源富集区等区域国土规划编制工作，分别形成了相应的 国土规划文本、说明、图件以及有关专题研究成果。

▲ 重大专题研究成果

（3）总结形成了国土规划编制技术方法。通过研究借鉴发达国家和地区空间规划体系和编制理论、技术、方法，分析我国相关规划编制技术研究现状，总结全国国土规划纲要和广西西江经济带及桂西资源富集区等区域国土规划编制技术方法，整合提炼资源环境承载力评价、国土空间开发战略和格局优化、区域和城乡发展统筹协调、资源节约集约和生态建设、国土综合整治等有关技术方法，形成适应我国国情、适合全国推广应用的国土规划编制技术和方法。

三、主要创新点

（1）填补了我国国土规划编制技术空白。首次整合提炼资源环境承载力评价、国土空间开发战略和格局优化、区域和城乡发展统筹协调、资源节约集约和生态建设、国土综合整治等有关技术方法，形成了适用于我国国情的国土规划编制技术，填补了我国国土规划编制技术的空白。

（2）建立了国土空间规划编制技术方法体系。形成了以资源环境承载力评价、空间变化态势分析、空间供需分析、区位分析和方案评估为主要内容的方法体系。在资源环境承载力评价方面，整合了指标评价、空间叠加分析等方法；在国土空间开发态势演变和趋势分析方面，整合了趋势外推、曲线拟合、情景模拟等方法，在国土空间开发需求分析方面，运用了空间经济分析、转移份额分析、投入产出分析等方法，在空间区位分析方面，运用了空间相互作用模型、劳瑞土地利用模型等，在规划方案制订方面，采用了多目标线性规划、多方案评估比选等方法。

四、成果意义及效益

（1）国土规划是具有综合性、基础性、战略性与约束性的国家空间规划，《全国国土规划纲要（2014—2030 年）》是关于国土开发、利用、保护、整治的纲领性文件，是贯彻落实党的十八大精神的具体措施和优化国土空间开发格局的平台载体。通过项目实施，形成的全国国土规划编制思路、编制原则、战略格局和重点任务为《全国国土规划纲要（2014—2030 年）》编制工作提供重要支撑。

（2）形成的广西西江经济带及桂西资源富集区等区域国土规划成果对贯彻落实《国务院关于进一步促进广西经济社会发展的若干意见》，优化广西西江经济带及桂西资源富集区国土空间开发格局，促进广西经济社会跨越式发展具有重要意义。

国土空间优化配置关键技术与示范

一、成果基本情况

主要完成人：蔡玉梅、高延利、李景朝、严金明、陈明、张岩、李钢、赵华。

任务来源及编号：国家科技支撑计划项目“国土空间优化配置关键技术研究与示范”(2012BAB11B00)，国家国际科技合作专项“新型城镇化下国土空间优化利用技术合作研究”(2015DFA01370)，国土资源部 2014 年软科学项目“中加空间规划体系对比研究”(20140016)。

任务起止时间：2012 年 1 月至今。

验收时间：国家科技支撑计划项目“国土空间优化配置关键技术研究与示范”于 2015 年 6 月 16 日验收，其他项目仍在执行中。

知识产权支持与获奖情况：申请了 5 项国家发明专利和 11 项软件著作权。

二、主要成果

构建国家空间规划体系和优化国土空间开发格局是我国生态文明建设的战略要求，编制国土空间规划是落实这一战略的具体措施之一。而支撑国土空间规划编制的模型构建、动态模拟以及实用工具研发等技术仍然薄弱。通过项目的开展，成果将落实国家空间政策，支撑省和区域国土规划工作的全面开展，为提升宏观尺度空间规划的技术水平、促进空间规划科技发展提供基础，为提高科学决策水平，强化国家治理能力建设提供服务。

项目主要针对省和区域国土空间规划编制与监管技术滞后的问题，突破国土空间信息一体化集成、国土空间利用评价与动态模拟等关键技术，构建国土规划编制与监管系列技术标准，研发国土空间规划决策与管理平台，形成实用性的国土规划编制与实施评估成套工具。

项目以国土空间规划编制技术为主线，包括宏观尺度国土空间信息一体化集成技术、国土空间利用潜力评价技术、国土空间动态模拟技术、国土空间综合分区和规划实施综合评估关键技术、国土空间规划决策支持与管理平台、矿区国土资源协调利用与调控关键技术等 6 个课题。

项目成果已经应用于河南省和四川省国土空间综合功能分区、湖南省国土空间规划的编制等工作中，取得了良好效果。

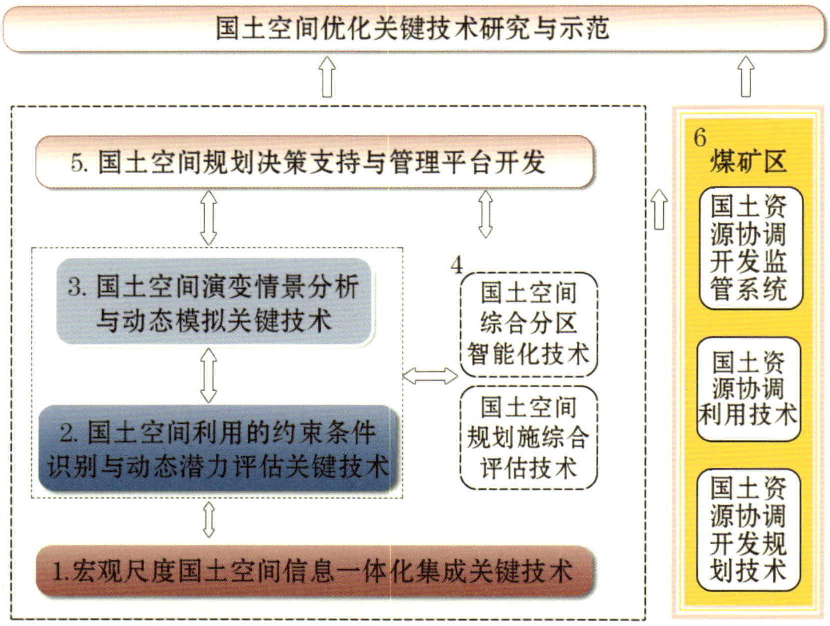

▲ 研究框架

三、主要创新点

国内国土空间规划的制度研究取得了一定的成果，试点实践也有一定的探索，针对国土空间规划的技术需求，系统开展关键技术的研发与示范在国内尚属首次。主要科技创新包括基于中间件的多源异构空间数据集成技术、多尺度国土空间规划数据统一表达技术、动态土地生产潜力定量评估技术、国土空间情景分析与动态模拟技术、尺度降维的省级国土空间多功能识别与智能分区技术、过程和绩效相结合的省级国土空间规划实施评价技术、面向国土空间规划的可视化建模技术以及国土规划工具库群构建技术等。

申请了基于微内核技术的地理空间信息应用系统及其实现方法、基于多粒度的地理空间信息工作流的服务功能流程模板构建方法等 5 项国家发明专利，研发宏观尺度国土空间信息共享系统、省国土空间变化驱动力分析工具、省级国土空间分区系统、国土空间规划决策支持与管理平台、省级国土规划实施评估系统等 11 个实用工具和系统，申请了 11 项软件著作权。

编制了省级国土空间综合信息数据库标准、省级土地生产潜力评价、省级建设用地潜力评价、省级国土生态安全评价、省级国土空间综合评价、省级国土空间情景预测、省级国土空间综合分区、省级国土规划编制、省级国土规划实施综合评价、煤矿区国土规划编制等 11 个技术指南。

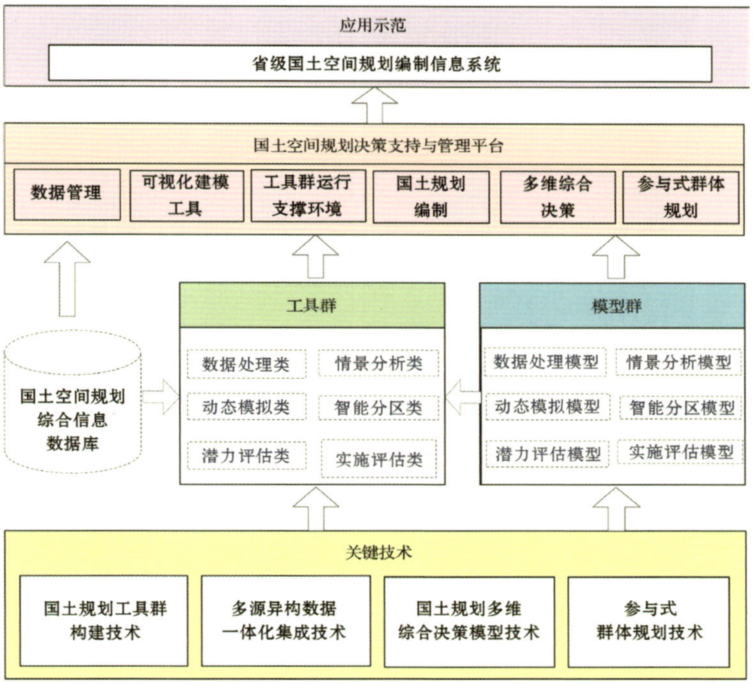

▲ 省级国土空间规划编制信息系统

四、成果意义及效益

应用项目形成的国际空间规划体系对比研究、研发的国土空间系列技术指南和实用工具，构建了山东省国土空间规划数据库、划分了四川省和河南省国土空间综合功能区、编写了江苏省大屯矿区国土规划，完成了湖南省国土空间规划纲要。成果在目前四部委联合开展的“多规合一”工作中发挥了一定的支撑和借鉴作用。

通过对国土空间规划技术的系统研究，逐步形成以空间规划体系为核心的规划制度成果、指导空间规划编制的标准系列，服务于空间规划编制和监管的使用技术工具、提供技术推广的空间规划编制示范成果，为我国开展生态文明建设，提高国家治理能力提供科技支撑。

国土空间综合分区智能化与规划实施综合评估关键技术

一、成果基本情况

主要完成人：蔡玉梅、高平、高延利、李宪文、王静、赵亚辉、蒋星祥、王占歧、徐世武、张岩、麻战洪、郭旭东、吕春艳、彭佳捷、马世发、念沛豪、张路路、王晓良。

任务来源及编号："十二五"国家科技支撑计划（2008BAJ08B00）。

任务起止时间：2012 年 1 月—2014 年 12 月。

验收时间：2015 年 6 月 16 日。

二、主要成果

1. 编制了省级国土空间规划编制技术规范

编制了《省级国土空间分区技术指南》、《省级国土规划编制技术指南》和《省级国土规划实施评估技术指南》三项技术指南（送审稿），并在本专业技术委员会秘书处备案。

三项技术指南根据省级国土规划中国土空间综合分区、规划编制和规划实施评估的需求，规定了省级国土空间分区技术中的资料收集、功能识别、功能优化、功能分区和成果内容及要求，明确了省级国土规划编制、国土规划实施评价的工作内容、工作程序、技术方法及成果要求，为省级国土规划编制与实施的技术依据。

2. 提出了省级国土空间综合功能分区技术

以国土空间功能分类为基础，构建了尺度降维的省级国土空间多功能识别方法。由于考虑了不同尺度之间的关系，提高了多功能识别方法的科学性和结果的可靠性。在分区过程中，引入改进的蚁群算法，针对不同目标对国土空间功能进行优化，满足了未来国土空间综合分区的需要，增强了分区方案的合理性，提高了优化效率，有利于实现分区自动化程度。研究中发现功能优化结果的准确性受到约束目标、引导函数等参数的制约，对于这些参数的设置仍需不断细化。同时，研究中充分考虑了与相关规划的衔接，为实现“多规合一”做出了探索。

3. 提出了过程和绩效相结合的省级国土空间规划实施评价方法

采用绩效性评估方法，根据功能区的方向和定位建立不同功能区的评价指标体系，在不同功能区之间进行横向比较和纵向比较，可体现空间变化所产生的影响。主要步骤包括规划分析、目标识别、结果识别与评价、因果分析。

在过程评价中，采用S−CAD评估方法。S−CAD方法即主导观点（S−subjectivity）出发，对规划进行一致性（C−consistency）、充要性（A−adequacy）、可行性（D−dependency）的系统性分析。它一方面强调不同观点有不同的前提与立场，另一方面提供一个逻辑架构去分析各个不同观点之间的互动，实现有效地对公共政策进行全面的分析和评估。S−CAD 分析过程主要分为主导观点的前提／立场分析、政策内容的逻辑分析、经济分析、可行性分析。

4. 研发了省级国土空间智能分区和国土空间规划实施评价辅助信息系统

省级国土空间智能分区系统是以计算机软硬件环境、MapGIS集成开发平台与网络通信技术为依托，以信息化标准规范体系和数据交换体系为体系结构，综合国土空间规划数据多专题多尺度集成、国土空间智能综合分区、参与式分区决策支持、规划实施过程评估等技术构建的分区智能化决策支持与管理平台。

国土空间规划实施评价辅助信息系统采用基于政策绩效的空间规划实施评估方法，综合了实施结果和过程两类评估。评估的目标制定、评估指标的确定、评估模型的选择以及评估结果表达与反馈等。

三、主要创新点

（1）采用尺度降维方法，建立了国土空间指标与功能之间的定量关系，实现了不同性质、多主题集成的国土空间分区技术。

（2）建立了改进蚁群算法的国土空间综合功能分区智能模型，在分区目标和约束条件等知识规则的基础上，实现了国土空间综合分区的智能化。

(3) 针对规划实施评估技术中"一致性"评价的局限性，将改进的S–CAD评估方法和TOPSIS模型结合，提出了规划的"价值—目标—手段—结果"识别方法，构建了国土空间规划实施综合评估指标，探索了逻辑分析、经济分析和实施分析的过程评估技术，有效评估了规划实施的影响因素和效果。

四、成果意义及效益

采用项目研发的国土空间规划编制系列技术，应用于湖南省国土空间综合分区与规划实施评估综合评估，编制形成了湖南省国土空间规划（草案），构建了"一核、五轴、五圈、多点"的国土空间开发基本格局，并依据国土开发战略目标、国土空间结构特点，与分标准地域单元国土空间三生功能识别及动态演变分析结果，在与湖南省主体功能区划进行充分衔接的基础上，将全省国土空间分为服务业与工业发展功能区、工业发展功能区、服务业发展与生物多样性保护功能区、水土调节与农业发展功能区、重点农业发展功能区、农业发展与生物多样性保护功能区、农业发展与水土调节功能区7类功能区，较好地服务于地方建设，具有不错的社会效益。

第三篇

土地生态领域

土地资源与生态状况综合监测和恢复治理关键技术

一、成果基本情况

主要完成人：王静、张继贤、刘顺喜、张建平、刘爱霞、何挺、尤淑撑、刘耀林、刘正军、李钢、鲁学军、张衍毓、张绍良、李西灿、唐程杰、吴洪桥、赵庚星、吴剑、陈瑜琪、刘殿峰、曲俊峰。

任务来源："十一五"国家科技支撑计划重大项目课题"村镇退化废弃地恢复关键技术开发"，国家发改委基建投资项目"土地资源与生态环境综合监测信息获取系统建设"，科技部公益性科研专项经费项目"国家重大工程相关生态环境问题—三峡库区相关生态环境监测技术研究"，国土资源部重点科技项目"构建国家级土地利用／覆被变化数据库及服务系统"，国土资源大调查项目"耕地资源与生态退耕遥感监测"、"基于高光谱、雷达遥感的村镇退化废弃地信息提取研究"。

任务起止时间：2007年1月—2012年12月。

知识产权支持与获奖情况：取得2项专利，6项软件著作权；获2013年度地理信息科技进步一等奖，2014年度北京市科学技术进步三等奖。

二、主要成果

项目经过产学研联合攻关，取得了具有自主知识产权的系列重大创新成果，出版专著和图集12部，发表SCI、EI论文60余篇。

三、主要创新点

（1）项目突破了土地资源与生态状况综合监测指标体系构建、土地质量高光谱反演、土地利用变化自动检测、土地数量—质量—生态综合评估等关键技术，自主研制了土地资源信息外业巡查与采集、土地资源与生态状况综合监测信息获取与处理技术平台，建立了土地资源与生态状况综合监测数据库和信息管理与应用服务系统，研制了土地资源遥感与生态状况综合监测评估工艺流程、系列标准和业务平台。项目实现了我国土地资源与生态状况综合监测领域由常规地面调查向以遥感技术为手段监测转变的技术跨越。

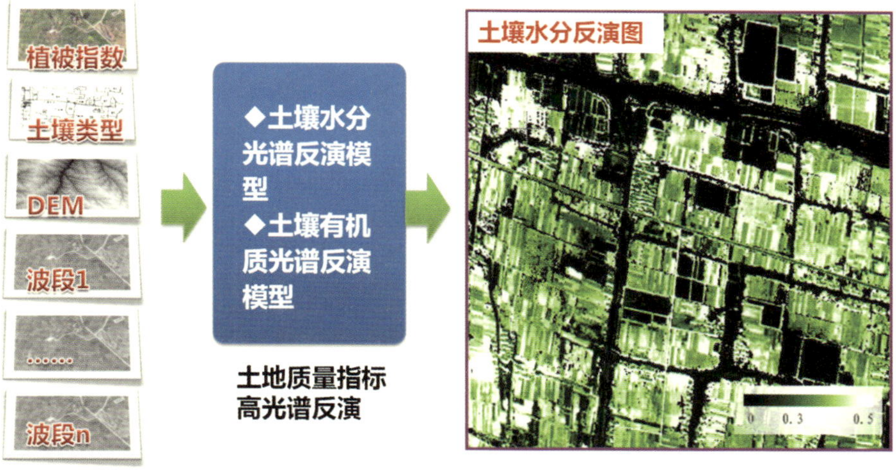

▲ 土地质量指标高光谱反演

（2）项目针对退化土地、地震灾毁土地和采矿塌陷废弃地 3 种主要类型，构建了退化与废弃地监控作业系统，形成了完整的退化与废弃地监控技术体系与平台，发展了土地资源

修复前

修复后

▲ 石门雄黄矿尾砂库生物修复效果对比图

综合监管技术和模式，丰富了土地资源综合监测评价理论和方法体系，提高了土地资源综合监控的数字化水平。通过开发与集成村镇不同类型废弃地生态恢复与整治关键技术，形成村镇污染土地生物修复与风险评估、采矿塌陷地综合整治与矿地一体化设计、地震灾毁土地再利用等长效防治的实用化成套技术、系列规范和应用示范基地，支撑保障了国家重大工程的顺利实施。

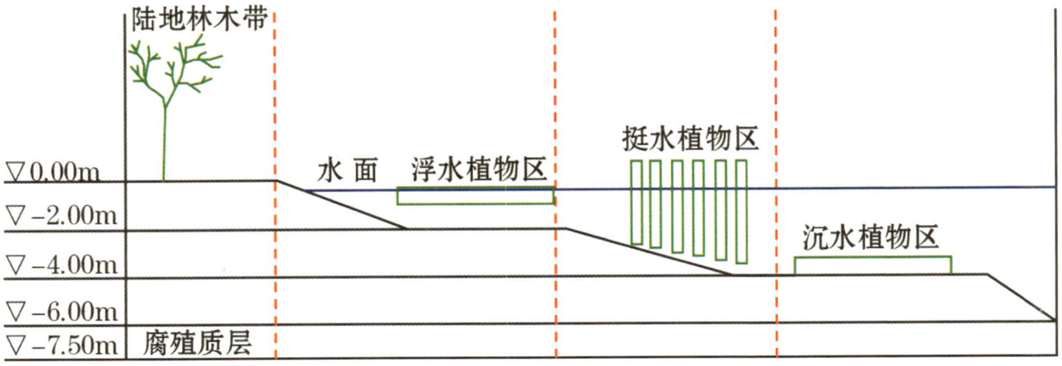

▲ 人工湿地植物群落规划布局

（3）项目通过土地生态前沿研究，构建了生态用地分类体系和分类标准，以生态用地的网格化监控管理为重点，开展了基于新型遥感数据的生态用地信息提取与挖掘研究，探索研究基于网格化的生态用地信息时空数据整合与管护服务系统构建中的关键理论方法问题，为实现全国生态用地网格化管护奠定坚实的技术基础，促进土地数量、质量和生态综合发展模式的转变，推动土地资源数字化、精细化、动态化管理，带动土地科学技术的集成与原始创新。

四、成果意义及效益

项目成果为应用遥感技术进行工程化土地资源与生态状况综合监测和评估及信息管理奠定了基础，已成功应用于全国耕地后备资源调查评价工程、环北京风沙源治理地区土地资源与生态环境遥感监测工程、重点地区耕地资源与生态退耕遥感监测工程等，保障了工程的顺利实施。

同时，项目成果已成功应用于"灾后重建与新农村建设"、"金土地工程"、"千村示范万村整治工程"和"万顷良田建设工程"等土地调查评价、土地综合整治和生态建设重大工程中，提高了退化与废弃地信息提取和监控效率，保障了工程的顺利实施，并且在村镇土地整治规划编制、项目区选址、工程设计中发挥了重要作用，为推动灾后重建、新农村建设、城乡统筹发展提供了可靠的技术保障。

典型区域土地资源数量—质量—生态监测及持续利用应用示范

一、成果基本情况

主要完成人：郭旭东、张衍毓、吕春艳、鲁学军、宁晓刚、徐艳红、汪四文、伍文、严长清、李保莲、赵华、王雯。

任务来源及编号：国土资源部公益性行业科研专项经费项目（201211050）。

任务起止时间：2012 年 1 月—2014 年 12 月。

验收时间：2015 年 12 月。

知识产权支持与获奖情况：申请软件著作权 2 项。

二、主要成果

项目以满足土地管理从单纯数量管理向“数量—质量—生态”并重转变需求为目标，立足东部经济快速发展区、中部粮食主产区等 6 个土地资源数量—质量—生态监测与持续利用野外科研基地建设，研发土地资源数量—质量—生态监测关键技术，并开展新技术的试验与示范应用，应用“3S”、计算机网络、信息通信等技术，构建土地资源数量—质量—生态监测与管护服务平台。促进土地资源领域产学研用的结合，培养基层土地科技队伍，推进土地科技基础能力建设，为国家土地资源综合监测系统构建提供技术支撑。

（1）建立了 6 个土地资源数量—质量—生态监测与持续利用野外科研基地。分别在内蒙古鄂尔多斯能源开发区、江苏金坛万顷良田区、徐州煤矿开采区、甘肃西部生态脆弱区、成都都江堰统筹城乡试验区、中部粮食主产区建立土地资源数量—质量—生态监测与持续利用野外科技基地。目前，上述基地已成为土地利用野外科学观测、综合监测平台、人才培养、科普教育的重要平台，为开展新技术、新设备的应用试验提供条件。依托项目开展和科研基地建设，通过本项目的研究，培养了青年学术骨干12名，博士研究生8名，硕士研究生15名，基地平台的人才培养功能初步凸显；结合区域重点、热点、难点问题，共提供5份土地管理政策咨询报告，科研基地平台也已成为整合有关力量，开展政策研究的有力平台。

▲ 四川成都科研基地网站建设

（2）建设了6个数据类型齐全、组织合理、应用方便的数据库。获取长时间序列土地资源综合监测的宏观—中观—微观多尺度数据是土地科学研究的重要难题。本项目以野外科研基地为基础，初步建成了包含基础地理信息、土地利用、社会经济、观测数据等多尺度、多类型、具有一定时间序列的数据齐全、组织合理、方便应用的土地资源数量质量生态监测及应用数据库，为开展土地利用长时间序列观测，摸清土地利用的科学规律，提高土地管治决策水平提供了重要支撑。

（3）突破了土地资源数量—质量—生态监测关键技术。项目通过研制和对已有技术的拆分、组合、融合、集成等，开发和改进3项关键技术：土地资源时空多级网格数据管理与平台建设技术、土地资源数量—质量—生态监测技术和优质耕地划定技术。相关技术在6个科研基地进行了示范应用，示范效果良好，为未来长时序数据观测提供了技术条件。

（4）开发了土地资源数量—质量—生态监测信息服务系统。开发1套土地资源数量—质量—生态监测信息服务系统，申报软件著作权2项。基于该平台实现了科研基地数据平台互通互联，数据有条件共享，实现了监测数据的网络化管理。

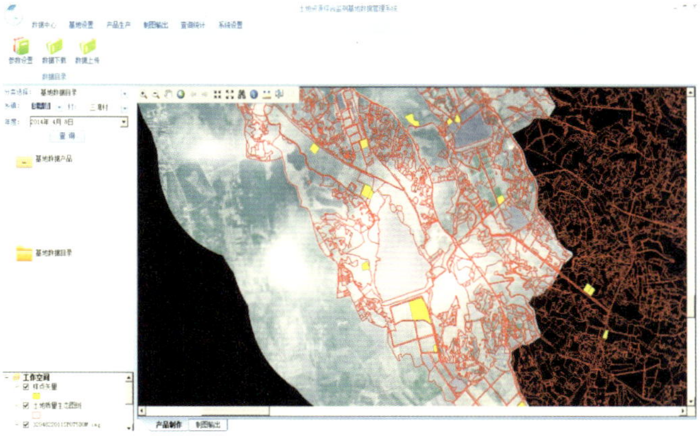
▲ 土地资源综合监测信息服务系统界面

三、主要创新点

(1) 针对土地资源数量、质量、生态监测与管护问题，以及不同类型区域的特点，首次构建具有典型性和针对性的国家级土地资源数量—质量—生态监测与持续利用野外科研基地，开展土地资源数量—质量—生态监测关键技术的实验、应用、示范与推广，推动土地资源产学研用的结合。

(2) 土地资源数量—质量—生态监测技术体系的形成，是对原有的土地利用监测技术体系的重要补充和技术创新，可以为地方国土资源管理部门的土地资源监测业务提供有力的科学支撑。

(3) 全国土地资源数量—质量—生态监测网络的构建，将满足全国范围内、不同分区、多目标区域的土地资源一体化监测，为观测和研究我国土地资源的综合分区及变化规律提供空间参考框架，为国家土地资源野外科研基地的选址提供了基础。

(4) 土地资源数量—质量—生态监测与管护服务平台建立，将实现从农户调查、基地实验，到地方、区域直至国家尺度遥感数据的多源、多类型、多尺度数据信息的综合集成，能够实现对于大尺度、多目标、热点区域土地资源及变化信息的快速获取与对比分析。

四、成果意义及效益

通过项目实施，实现了对原有的土地利用监测技术体系的补充和技术创新；实现对于大尺度、多目标、热点区域土地资源及变化信息的快速获取与对比分析。相关成果已应用于示范区基本农田划定、规划调整等土地管理实践中，取得了良好的社会经济效益。

区域尺度生态用地网格化管护预研究与示范

一、成果基本情况

主要完成人： 刘爱霞、王静等。

任务来源及编号： 国土资源部公益性行业科研专项经费项目（201311038）。

任务起止时间： 2013 年 1 月—2015 年 12 月。

二、主要成果

通过土地生态前沿研究，构建生态用地分类体系和分类标准，以生态用地的网格化监控管理为重点，开展了基于新型遥感数据的生态用地信息提取与挖掘研究，探索研究了生态用地遥感监测信息网格化管理的时空多级网格划分与编码方法、基于网格化的生态用地信息时空数据整合与管护服务系统构建中的关键理论方法问题，构建了生态用地分类标准，形成了生态用地网格化管理中的网格编码中的代码结构、编码方法和规则，完成了生态用地网格化管护服务系统框架构建，根据项目提出的生态用地分类体系，对杜蒙县生态用地进行了信息提取，完成了对杜蒙县 300 个点

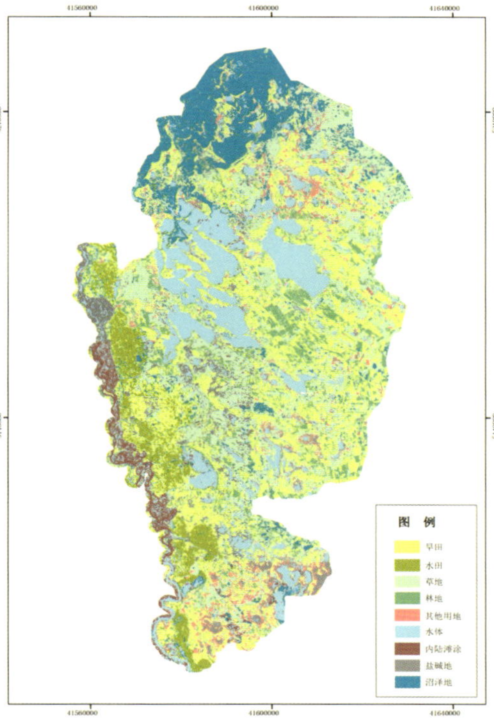

▲ 杜蒙县面向对象的生态用地信息提取结果

位的外业调查，为实现全国生态用地网格化管护奠定坚实的技术基础，促进了土地数量、质量和生态综合发展模式的转变，推动了土地资源数字化、精细化、动态化管理，带动了土地科学技术的集成与原始创新。

三、主要创新点

（1）将生态服务功能评价与土地利用分类有机结合。生态服务功能评价与土地利用分类一直是土地学科领域研究的热点，已经取得了较为丰厚的研究成果。而生态用地分类标准研究将两者有机地结合起来，实现了传统土地利用分类向具有生态学意义的土地分类系统的转型，不仅拓展了土地学科的研究领域，而且在目前生态危机日益严重的情况下，使得生态用地分类系统具有更强的实践应用性。

（2）生态用地网格编码。通过分析国内外研究现状及发展趋势，系统梳理国内外提出的土地信息网格编码方法和宗地编码方法，对比分析现有网格划分和网格编码方法的优点和不足。从生态用地网格化管理思想出发，除考虑不同尺度、行政级别编码等常用的网格划分和编码原则外，还结合国土资源部最新制定的全国宗地统一编码，使得一个生态用地网格单元在时间和空间定义上只有一个唯一的编码，初步研究形成了生态用地网格化管理中的网格编码中的代码结构、编码方法和赋码规则。

（3）生态用地网格化管护服务系统原型开发。基于生态用地网格编码，对多源异构的海量生态用地信息数据结构进行科学设计，对生态用地信息内容进行合理的组织。结合WEBGIS技术对土地生态状况网格化管理功能进行分割与分布式部署，探索形成适用生态用地网格化管护服务系统的总体框架。自主研发生态用地网格化管护服务原型系统，实现了对于区域尺度、多目标、热点地区生态用地现状及变化信息网格化监管，为数字化土地生态管护和土地可持续利用提供技术支撑。

四、成果的意义及效益

通过项目实施，形成《生态用地分类标准（建议稿）》，明晰各利用单元的生态服务功能价值，为土地利用规划与整治提供一定的理论基础，可有效防范人类的开发利用活动对生态环境的破坏，走可持续发展道路，有助于促进经济的持续高效发展；成果将有助于国土资源管理部门根据土地的生态功能差异而采取不同的管理模式，保护生态系统服务价值高的用地类型，实现土地动态监测和有效调控，促进土地资源的可持续利用。

项目将形成区域尺度生态用地信息网格编码（建议稿）和生态用地网格化管护服务系统框架构建策略和系统原型，可为我国全面开展生态用地网格化管护工作提供技术指引，促进实现土地生态管理的信息化、科学化，为土地“数量”管理向土地“数量”与“质量”并重管理和生态管护模式转变提供理论和技术支撑。

项目对生态用地信息网格划分与编码、基于新型数据源的生态用地信息提取方法、生态用地网格化管护服务系统框架构建等生态用地网格化管护的前沿技术性研究，可以为全国生态用地精细化管护服务平台的构建奠定坚实的技术基础，以利于各级土地管理部门对于辖区生态用地及其变化信息的及时、准确、全面掌握，为区域生态经济发展提供重要决策支撑，并有利于保护土地生态环境，提升土地质量，确保食物安全，优化农业布局，服务城乡建设，生态、经济和社会效益显著。

在边际土地上种植能源作物的潜力评价及效应研究

一、成果基本情况

主要完成人：陈瑜琦等。

任务来源及编号：国土资源部公益性行业科研专项项目（201311125）。

任务起止时间：2013 年 1 月—2015 年 12 月。

二、主要成果

项目旨在通过科学认识我国可用于非粮能源作物种植的边际土地总量及空间分布格局，以及最大能源生产潜力，全面了解大面积种植能源作物对自然、社会、经济等方面的影响，评价边际土地种植能源作物发展生物能源的生产潜力，系统总结在边际土地上种植能源作物的多方面效应，从土地利用的角度提出在我国不同区域科学发展生物能源战略的合理化政策建议。

（1）全国尺度上边际土地种植能源作物发展生物能源的生产潜力评价。一是确定了边际土地内涵及适宜大面积种植发展生物能源的能源作物类型。在确定经济学意义和传统研究中的边际土地内涵的基础上，选择了木薯、麻疯树、菊芋、黄连木和文冠果等五种能源作物作为研究对象，进行该五种作物在中国的土地适宜性和生产潜力评价。二是划定了主要能源作物生长的生境等级。依据相关专家意见以及现有文献资料查询，得出木薯、麻疯树、菊芋、黄连木和文冠果等五种作物分别对年平均温度、≥ 10℃积温、年降雨量、土壤有机质、土壤质地以及坡度等自然要素的适宜等级标准。三是在边际土地上开展了能源作物种植的适宜性评价。通过单要素评价能源作物种植区域、多要素综合评价、不同能源作物在边际土地上的适宜性种植评价，可得出我国边际土地上 5 种能源作物的适宜种植数量和空间分布。四是评估了边际土地种植非粮能源作物发展生物能源的最大生产潜力。按下表中生物能源转化率计算，如果仅在边际土地上种植能源作物，可得燃料乙醇2445万吨，生物柴油877万吨，可以完成我国《可再生能源中长期发展规划》中2020年燃料乙醇产量1000万吨，生物柴油200万吨的生产目标。在仅考虑自然适宜性，不完全考虑生态可持续性，完全不考虑经济可行性的前提下，得出了我国通过种植非粮能源作物发展生物能源具备较大的发展潜力的结果。

我国生物能源生产潜力评估

作物	适宜性	可种植面积 公顷	单位面积产量 （千克·公顷 $^{-1}$）	作物总产量 吨	能源转化率	生物能源产量 吨
木薯－燃料乙醇	适宜	27	16000	399800	1∶0.130	56
	一般适宜	4637879	12000	10388	1∶0.130	7235091
麻疯树－生物柴油	一般适宜	5949627	1000	989	1∶0.25	1487407
菊芋－燃料乙醇	适宜	2039813	50000	528259253	1∶0.063	6425411
	一般适宜	7415601	30000	86387025	1∶0.063	14015486
黄连木－生物柴油	适宜	2134111	6000	699443	1∶0.25	3201167
	一般适宜	1669703	4000	65886	1∶0.25	1669703
文冠果－生物柴油	适宜	2127776	1500	21202290	1∶0.30	957499
	一般适宜	4878064	1000	882864	1∶0.30	1463419

（2）利用边际土地发展生物能源的自然、社会经济效应研究结果。碳排放效应：通过模拟土地利用变化量，结合不同土地利用类型碳排放数据库进行估算，结果表明，改变森林、草地、林地等土地利用方式种植能源作物一般都会带来比化石燃料更大的碳排放量。粮食安全：研究结果表明生物能源对粮食安全的影响主要体现在两个方面，一是通过与粮食作物竞争耕地和水资源，二是粮食供应减少必然带来粮食价格的上涨，由此影响低收入食物

短缺国家人民的基本生存需求。社会经济：从社会就业看，生物能源发展能够带来社会就业岗位增加。生物能源发展对农村经济有正负两方面影响。从正面影响看，生物能源发展不仅为农民创造就业机会，并且通过土地升值增加农民经济收入；从负面影响看，生物能源的发展可能威胁农民的经济收益。

三、主要创新点和社会效益

生物能源作为保障能源安全、减少温室气体排放和发展农村经济的重要方式，近年来在国际上得到了大力推广，我国也为实现生物能源"不与人争粮，不与粮争地"的发展战略，不少专家学者提出在宜农、宜林、荒山荒地等边际土地上种植非粮能源作物发展生物能源，而该方案是否可行，在边际土地上种植能源作物又会有怎样的社会经济生态环境效应，国内研究相对匮乏，基于此，本项目从土地利用的角度开展在我国通过在边际土地上种植能源作物发展生物能源的可行性研究，具有创新性，研究成果能直接服务于国家生物能源战略制定、土地后备资源利用以及国家粮食安全战略等。

发展生物能源引发的土地利用问题及其内在影响机制研究

一、成果基本情况

主要完成人：陈瑜琦等。

任务来源及编号：国家自然科学基金（青年基金）（40971062）。

任务起止时间：2013 年 1 月—2015 年 12 月。

二、主要成果

生物能源在国外发展迅速，同时也伴随着对其粮食安全、自然社会经济效应的激烈争论，而从根本上看，土地作为这种新能源生产中不可替代的资源投入类型，是生物能源对粮食安全、生态环境和社会经济产生影响的最重要媒介。本项目从土地资源的视角，通过文献综述、GIS 技术、农户调查问卷、投入产出分析等手段分析生物能源引发的土地利用问题及内在影响机制，研究内容和方法具有系统性和创新性，研究成果能够直接应用于当前土地利用问题及生物能源发展战略研究。

1. 国内外生物能源引发的土地利用问题综述

通过文献查阅和资料统计等手段，收集国内外主要研究机构和政府部门近年来全球及主要国家生物能源发展对土地利用的影响问题，结果表明：伴随生物能源快速发展，其占用耕地面积也呈不断增加趋势。2004 年，全球生物能源生产总量约 330×108 升，占地 14000×103 公顷，约为全球耕地总面积（1405830×103 公顷）的 1%。而到 2007 年，生物能源总产量达到 800×108 升，占地 42217×103 公顷，相当于 2004 年的 3.05 倍，占当年耕地总面积（1411117×103 公顷）的比例也上升到 2.85%。据国际能源署在《世界能源展望2007》中预测，2030年生物能源将占世界交通能源总消耗的5.9%，占地53000×103公顷，约占全球耕地总面积的3.8%。

2. 农民尺度种植能源作物的意愿分析

选择甘肃省榆中县为研究区，在合理界定边际土地内涵和范围的基础上，一方面，在GIS平台评价了该区域能源作物文冠果种植的自然适宜性；另一方面，基于农户调查数据，分析当地种植文冠果的投入产出数据，并对比研究区其他作物，得出农户尺度上种植能源作物的经济驱动，综合得出利用边际土地发展生物能源战略的综合可行性及面临问题，结果表明：由于在劣质土地上种植能源作物投入产出比相对较低，农民种植缺乏积极性，除非加大政府财政补贴支持，否则利用能源作物发展生物能源战略实施起来有一定的困难。

三、成果意义及效益

通过项目的开展，能正确认识非粮能源作物在我国种植的生产潜力及其对耕地利用变化的内在影响机制，为政府制定土地管理、价格保护、农业补贴等宏观调控措施，制定合理可行的生物能源发展目标及实现方式提供了科学依据，研究成果可以直接应用于我国的土地利用、生物能源战略、粮食安全保障等具体实践中去。

第四篇

土地政策研究和标准领域

"十二五"土地管理重大问题研究

一、成果基本情况

主要完成人：刘国洪、刘康、卢艳霞、田彦军、杜官印、莫晓辉、陈现宾、高永、刘洋、孙鲁平。

任务起止时间：2011 年 1 月—2011 年 12 月。

验收时间：2011 年 12 月 18 日。

知识产权支持与获奖情况：获 2013 年度国土资源科学技术二等奖。

二、主要成果

项目是为起草向国务院第 164 次常务会议汇报土地管理工作的相关报告而开展的应急课题研究。按照国土资源部党组要求，项目立足我国土地管理实践，综合运用资源学、经济学、社会学、生态学、公共管理学方面的理论和政策分析、制度分析、行为分析、统计分析、空间分析等方面的技术，对"十一五"时期土地管理工作进行了认真回顾，系统总结五年来的经验和成效；对当前和今后一个时期面临的突出问题进行了认真梳理，分析了深层次原因；根据"十二五"期间社会经济环境及对土地管理的新要求，提出了进一步加强和改进土地管理的工作思路和对策；同时，进一步对中央和社会热切关注的耕地保护、集约用地、土地调控、执法督察、用地审批等制度进行了专项研究，并出版了专著。

项目成果丰富，为国土资源部党组向国务院全面汇报土地管理工作提供了直接支撑，为国土资源部总结"十一五"、谋划"十二五"土地管理、部署年度工作任务发挥了积极重要的决策支撑作用，切实推动了土地管理制度与政策的改革完善进程，对加强和改善土地管理具有重要意义。

▲ 项目形成的部分成果

三、主要创新点

（1） 对“十一五”土地管理工作进行了系统总结，客观评价了土地管理和改革工作的成效。首次对“十一五”时期土地管理工作进行了全方位梳理，总结了土地管理工作在保障科学发展、保护耕地红线、维护群众合法权益和深化制度改革等方面取得的成效，形成对“十一五”土地管理工作客观、科学、权威的论断。

（2）科学研判现阶段土地管理的形势与问题，为党中央国务院整体谋划“十二五”土地管理提供决策参考。紧扣工业化、城镇化、区域城乡一体化、公共服务均等化、农业现代化等主题，测算了“十二五”及后十年土地供需态势，提出了坚持严格保护、节约集约、加强调控、严格执法、依法行政五大政策导向，并针对征地制度、土地财税体制、相关政策协同、城乡土地统一市场建设、土地审批制度五大重点领域的改革，提出了具体建议。

（3）系统开展对现行土地管理制度执行情况的评估，为健全土地管理制度体系提出了重大建议。综合运用效果评估、问题诊断、行为分析和制度优化技术，对耕地保护、集约用地、土地调控、执法督察、用地审批等制度进行专项研究，提出了进一步完善有关制度的重大建议。

（4）深入研究中央重视和社会广泛关注的土地财政和社会问题，为新时期加强土地管理提出了新方向。针对社会上争议最大、认识最难统一的土地财政和社会问题，从概念内涵界定入手，深入研究，厘清了问题的本质和关键，提出了更新管理观念、拓展管理领域和破解难题的建议。

（5）首次对"地耗"概念内涵及其度量评价进行了系统研究。针对国家"十二五"经济和社会发展规划确定的单位GDP建设用地消耗下降水平的要求，提出2个层次共20个指标组成的地耗评价指标体系，并提出了基于地耗指标的土地集约利用水平和管理绩效评价方法，为加强我国地耗控制和监管制度建设提供了重要参考。

四、成果意义及效益

（1）在项目研究成果的基础上，形成了国土资源部向国务院164次常务会议专门汇报的材料，同时被中央政治局第31次集体学习采用，胡锦涛总书记和温家宝总理分别发表重要讲话并做出明确指示，高度肯定了国土资源管理工作取得的成绩，并做出明确指示，为国土资源管理工作指明了方向，明确了目标和任务，有力提升了地方各级党委政府对土地管理工作的重视程度，凝聚了对"十二五"土地管理制度改革的共识，为把国土资源管理工作推向新的高度创造了机遇和条件。

（2）研究成果被国家发展和改革委员会、国土资源部十个业务司局等政策制定采用和参考，对国土资源部加强耕地保护、促进节约集约用地、解决供需矛盾、强化执法督察、改善宏观调控等提供了重要的决策支撑，推动了相关政策文件的出台，对加强和改善土地管理具有重要意义。

农用地转用征收环节土地税费设置与绩效分析

一、成果基本情况

主要完成人：张志宏、唐健、王庆日、魏西云、李珍贵、王柏源、姚丽、卢艳霞。

任务起止时间：2009 年 9 月—2012 年 1 月。

验收时间：2012 年 1 月 15 日。

知识产权支持与获奖情况：取得软件著作权 1 项（农用地转用环节有关税费数据库管理系统 V1.0），获 2014 年国土资源科学技术二等奖。

二、主要成果

项目围绕耕地占用税立法过程中涉及的关键性问题，以农用地转用征收环节主要土地税费为研究对象，系统分析相关税费构成的合理性及其耕地保护绩效，探索土地税费间的相互关系，进而分析有关税费设置的合理性，寻求相关税费的改进和完善空间。

（1）基本理论层面，对土地赋税制度的发展历史、基本思想及理论支撑体系进行全面梳理，从目标定位、功能取向、调控机制等进行综合分析，基于税基整合、税率调控、税费减免等设置不同情景，为合理进行土地税费调控提供了坚实的理论支撑。

（2）基础数据层面，综合集成了包括社会经济发展、土地利用、土地税费征收使用、农用地征收补偿、城市土地出让、城市地价、违法用地等相关数据，建立了基础信息数据库，并开发了相应的信息管理系统。

（3）数据分析层面，首次全面系统地分析了相关税费在农用地转用征收成本中的比例，挖掘了其空间分布趋势和特点；深入分析了历年违法用地情况，对违法占用耕地可征收税额进行估算；创新性地分析了全国重点城市地价差异影响因素，研究了土地税费对城市地价水平及地价变化趋势的影响机制；通过仿真实验模拟不同税费征收标准下的耕地变化情况，探讨其耕地保护绩效，对税费分配方案进行了优化设计。

（4）政策建议层面，综合国内外耕地保护和土地税费制度的经验与教训，从土地税费的功能取向和调控机制出发，从适度合并税基、调整税费比例、加强税费征管、提高综合效益等方面提出了针对性建议。

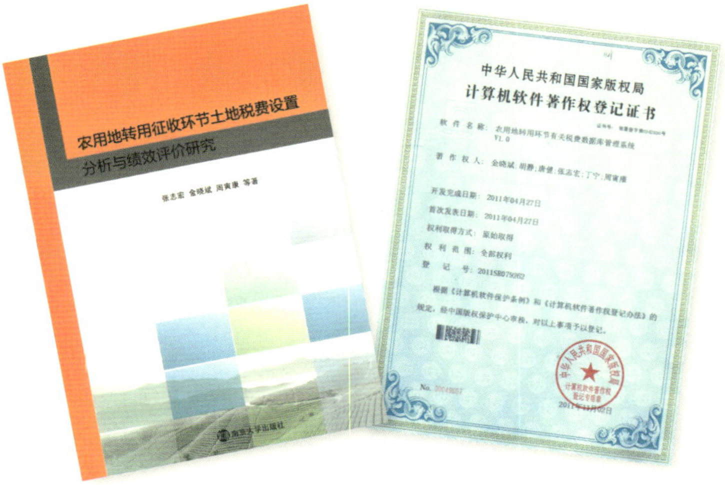

▲ 项目形成的部分成果

三、主要创新点

（1）以农用地转用征收环节有关税费为主体，实现了我国土地政策研究的横向拓展。

（2）深入分析了农用地转用征收环节土地税费制度设计的理论基础，提出了各项税费的功能取向和作用机制，为调整优化相关税费设置提供了理论支撑。

（3）采用以定量分析为重点，地理信息技术为辅助，数据信息管理为支撑的研究方法，纵向延伸了土地管理政策研究方法。

（4）通过多模型、多情景设计，系统分析农用地转用征收环节土地税费的实施效果及政策效应。

（5）针对农用地转用征收环节土地税费的实施效果和绩效评价，借鉴国外成熟经验，为完善我国土地税费制度设计提出建议。

（6）完善土地税费体系，充分发挥经济手段的调节作用，针对土地税费的预设功能，结合本项目中理论分析和定量测算所得到的相关成果，从土地税费的功能取向和调控机制出发，在适度合并税基、调整税费比例、加强税费征管、提高综合效益等方面提出了针对性建议。

四、成果意义及效益

项目通过对农用地转用征收环节中的“一税三费”进行详细测算，分析得出各项税费在农用地取得成本中所占比例，以及有关税费在政府和农民之间利益的分配关系，特别是大量数据与实例印证了农用地转用征收过程中被征地农民获得的补偿偏低，而政府收取的规费在某些地方甚至超过了被征地农民土地补偿。适时调整并提高征地补偿标准等政策建议被国土资源部耕地保护司采纳，为加强征地管理，切实维护农民权益等管理工作提供了决策参考依据；同时，项目成果为国土资源部政策法规司正在开展的《中华人民共和国土地管理法》修订工作，特别是第四十七条关于“征地补偿标准”条款的修订提供了全国范围内的数据与实例参考依据，发挥了数据支持与政策支撑作用；为财政部、国土资源部 2012 年 4 月修订出台的《新增建设用地土地有偿使用费资金使用管理办法》(财建〔2012〕151 号)提供了参考依据，《新增建设用地土地有偿使用费资金使用管理办法》扩大新增建设用地有偿使用费使用用途，开垦的耕地可以用于耕地占补平衡，整合了新增建设用地有偿使用费与耕地开垦费发挥的效能，进一步提高了资金的使用效率。

▲ 成果应用情况

促进城镇化健康发展的土地管理制度改革研究

一、成果基本情况

主要完成人：刘国洪、李全人、卢艳霞、徐小黎、刘康、莫晓辉、贺明玉、宫玉泉、申胜利、刘丽、李亮、杨祝晖、高永、杜舰、赵小风。

任务来源及编号：国土资源事务费项目“转型发展期深化土地管理制度改革研究”(1308–07)。

任务起止时间：2012 年 1 月 1 日—2013 年 12 月 27 日。

知识产权支持与获奖情况：获 2015 年度国土资源科学技术一等奖。

二、主要成果

(1) 系统完成了新型城镇化健康发展的土地制度改革路径顶层设计。精准提出了新形势下中国土地制度改革的底线、原则、总体思路和基本路径，系统提出了七大方面二十七条具体改革建议。

(2) 完成了《促进城镇化健康发展的土地管理制度改革思路》、《促进城镇化健康发展的土地管理制度改革的政策意见和建议》、《完善征地制度及相关土地管理制度的政策意见和建议》等报告的编写。

(3) 创建了集多领域理论技术于一体的新型政策制度研究模式。

(4) 发展了基于遥感数据、地理信息、土地规划等多元数据融合的城市扩展边界识别方法；发展了资源空间承载对城镇化发展的约束分析方法。

三、主要创新点

成果的创新性和先进性主要体现在以下四个方面：

（1）首次客观、全面评价了现行土地管理制度的历史定位和现实意义；精准提出了中国土地制度改革的底线、原则、总体思路和基本路径；系统提出了七大方面二十七条具体改革建议。

（2）为党中央国务院深化土地管理制度改革提供了决策依据；对国家制定新型城镇化规划发挥了重要决策依据作用，也为下一步实施新型城镇化规划提供了基础支撑；有效推动了土地利用管理政策的完善和地方土地管理的创新。

（3）首次从城镇化—土地利用—政策制度三者的相互关系出发，创建一种集多维度分析于一体、物质表征与主观认知互为验证、各个环节互动循环的新型研究方法，创新了土地政策制度研究的模式；首次把多源数据融合和挖掘技术运用于政策制度研究，解决了长期以来政策制度研究偏主观、少实证、缺科技支撑的缺点，填补了该方面的研究空白；在研究组织和路径方面进行了大胆探索，建立了以多元目标和多元利益诉求为导向、以广泛参与为保障、以研究与决策互动优化为路径的研究方式。

（4）发展了一种基于多元数据融合技术与 GIS 空间分析技术的土地资源综合承载力分析方法；发展了基于遥感数据、地理信息、土地规划等多元数据融合的城市扩展边界识别方法，快速揭示我国城市群空间扩展的历史演变、一般规律与特点。

本研究的实用性主要表现在：

（1）本研究为十八届三中全会决定起草、为 2014 年召开的中央经济工作会议、中央城镇化工作会议、中央农村工作会议文件起草提供了重要的参考。

（2）《国家新型城镇化规划》中关于城镇化规划的指导思想、布局形态、城乡发展一体化、各类城市协调发展等内容，以及“第二十三章深化土地管理制度改革”的整章内容，直接采纳了本研究小组提供的建议和意见。

（3）研究小组成员直接参与起草了《农村土地管理制度改革方案》和 6 份国土资源部发文件，研究成果切实推动了土地管理制度和政策的改革完善。

（4）相关研究成果为广东省、浙江省、苏州市、成都市、哈尔滨市等地出台相关文件提供了指导和参考，推动了地方土地利用管理创新。

（5）相关成果受到媒体的广泛关注，出版的专著已发行近 2 万册，为全社会正确认识土地管理制度改革提供权威参考。

四、成果意义及效益

（1）成果中关于现行土地管理制度的评价、改革的路径以及具体改革建议等内容，直接应用于中央和国家领导人讲话、文件以及相关规划中。如：《国家新型城镇化规划》中关于城镇化规划的指导思想、布局形态、城乡发展一体化、各类城市协调发展等内容，以及"第二十三章深化土地管理制度改革"的整章内容，直接采纳了本研究小组提供的建议和意见。《关于党的十八届三中全会精神对外答问口径》直接采用本研究"我国坚持以土地公有制为基础，以土地用途管制、土地征收、土地有偿使用等为核心的土地制度，是保障经济社会健康快速发展的基本制度"等结论作为"中国政府对农村土地制度改革有何考虑"等问题的回答口径。《中国城镇化的道路、模式和政策》、《优化开发区域城市群布局和形态》等中央财经领导小组部署的经济社会发展若干重大课题成果，为十八届三中全会决定、2014 年中央经济工作会议、中央农村工作会议文件起草提供了重要的参考。

（2）成果应用于国土资源部各类土地管理制度改革及相关文件，切实推动了土地管理制度和政策的改革完善。如研究成果直接应用于《关于推进土地节约集约利用的指导意见》等文件；《第二次全国土地调查成果汇报》材料中，"城镇用地扩张速度与城镇人口增加速度相比较，东部地区基本同步、中部地区用地增速较快，西部和东北地区更快"等结论以及相关建议，直接采用了本研究成果。

（3）成果为全国各地的土地管理制度改革创新指明了方向，提供了参考和借鉴，有效推动了地方土地利用管理创新。如，广东省在《关于进一步规范土地利用总体规划修改的通知》（粤国土资规划发〔2014〕337 号）中参考本研究成果关于严格用途管制的相关内容；浙江省在推进城镇低效用地再开发过程中，充分参考和借鉴本研究成果；此外，本研究还为苏州市、成都市、哈尔滨市等地出台相关土地管理制度改革文件提供了指导和参考。

（4）研究成果之一《新型城镇化之土地制度改革路径》专著公开出版，给全社会提供了权威的土地管理制度改革解读。一些基层国土管理单位将该书作为业务参考材料，国内大专院校和科研机构的土地管理专业课程将该书作为参考书目、一些培训机构将该书作为土地管理制度改革教材，截至目前，该书已发行近 2 万册，成为当前影响最为广泛和深远的土地管理制度改革著作之一。

土地基本术语等六个标准修订

一、项目基本情况

主要完成人：姜栋、张燕妮、赵松、苏东袭、田彦军、何欢乐、杨枫、黄威、黄亮、柴志春、温礼、扈传荣、乌日娜、战鹰、朱珍珍、陈川南。

任务来源及编号：国土资源部公益性行业科研专项经费项目“国土资源关键技术规范研制与标准化基础性研究”（201011025-7）。

任务起止时间：2010年1月—2013年12月。

验收时间：2014年9月。

二、主要成果

课题按照党中央、国务院有关文件的精神和要求，坚持协调配套、突出重点、技术进步和国际接轨的原则，以国土资源需要求导向，以国土资源标准体系建设为基础，借鉴和引进国际国外先进标准，研制修订出本课题所述的6项行业标准。该课题出版专著2部，分别为《土地利用动态遥感监测技术与方法》和《土地利用动态监测遥感图集》。

课题首先就6项规程进行了首轮广泛的意见征询活动，对各方意见建议进行汇总，形成规程修订意见汇总表；二是召开了全国的专家研讨会，形成6个规程或其修订稿。具体包括：

（1）《土地基本术语（修订稿）》修订说明及意见处理表；

（2）《城镇地籍调查规程》（TD/T1001-2012）；

（3）《土地利用动态遥感监测规程》（TD/T1010-2015）；

(4)《耕地后备资源调查与评价技术规程（修订稿）》、修订说明及意见处理表；

(5)《城镇土地估价规程》(GB/T 18508-2014)；

(6)《城镇土地分等定级规程》(GB/T 18507-2014)。

三、主要创新点

《土地基本术语》的修订，新增了土地规划、土地信息、土地生态等3个一级类，包括土地、土地管理、土地法律、土地经济、土地调查、土地利用、土地规划、土地信息、土地生态等9个章节，并每一个章节的二级类都进行了重新整合。

《地籍调查规程》的修订，首先修订了规程名称，原规程名字为《城镇地籍调查规程》，增加了调查范围、规范性文件引用和术语与定义等内容，并对总则、附录、地籍调查类型等做了修改，如，将"初始地籍调查"修订为"地籍总调查"，将"变更地籍调查"修订为"日常地籍调查"。明确了界址点测量方法，定义了解析法和图解法的概念，并规定了图解界址点坐标不能用于放样确定界址点的位置。

《土地利用动态遥感监测规程》的修订，增加了采用雷达与高分辨率航天遥感数据的相关技术要求；在监测成果方便，使用了"栅格结合矢量"的形式管理与表达；修改并补充了"精度评价"的方法、内容和常用计算方法。对一些关键指标，采用了便于操作（作业与质量检查）的指标体系。如，DOM精度指标——采用"像素"（基础控制数据上同名地物点），最小监测图斑（响应图斑）指标——采用"面积"结合"影像空间分辨率"等（易于普及和推广应用）。

《城镇土地分等定级规程》的修订，研究了在不同尺度上影响土地自然、经济质量的主要因素及其作用规律，提高分等、定级因素选择与评价的科学性；明确适应现时条件下的城镇土地分等、定级的技术流程、技术手段，丰富技术方法，提升土地分等、定级工作的准确性、实用性，同时提高工作效率；进一步规范土地分等、定级成果的内容与表达形式。

《城镇土地估价规程》的修订，与《中华人民共和国物权法》以及现行土地市场政策法规相协调，重新界定各类土地价格的基本内涵与作用；在总结市场规律与实际工作经验的基础上，分别对基准地价与宗地地价评估的技术途径、评估方法、参数选择等主要技术内容进行调整和完善；对土地他项权利、划拨土地使用权、特殊用途土地使用权等土地价格的评估进行规范和细化；进一步规范了土地估价成果的内容与表达形式。

《耕地后备资源规程》的修订，参照了《第二次全国土地调查技术规程》(TD/T 1014—2007)、《县级土地利用总体规划编制规程》(TD/T1024—2010)、《土地利用现状分类》

(GB/T21010—2007)三个技术规程，澄清了耕地后备资源类型待整理类土地、待复垦类土地和待开发类土地和耕地后备资源分类一等地、二等地、三等地、不宜耕地的关系。细化了建设用地整理的分类，对于整理的范围界定更加清晰。对评价指标进行修改，删除了无法确定的指标，如:作物减产是多因素造成的，单独计算霜冻或风蚀在作物减产中所占比例，在实践中难度较大，本次修订给予删除，使评价更加简单、清晰，提高了评价的可操作性。规程定义中明确了耕地后备资源不包括国家依法禁止开发的土地，涵盖了国家、省各项法律、法规禁止开发的土地和国家、省级的相关规划划定的保护区。滩涂资源评价中增加围垦后对河流的行洪、蓄洪和海洋的潮汐、洋流、海洋生物等方面的评价的规定；滩涂资源调查分析报告中增加了生态环境影响章节。增加的这些内容，体现了土地整理、复垦、开发对于生态环境的保护，确保经济、社会、生态的和谐发展。

四、成果意义及效益

原有的技术规程已经执行多年，在整个国土资源工作中发挥了重要的作用。但是，随着土地管理事业的快速发展，规程中的一些内容已经不能适应土地管理的需要。同时，国家经济、社会发展发生了很大的变化，土地管理工作也为适应这种变化做了大量的探索，出台了许多新的政策和技术规程。为适应新的土地管理需求，规程应该与时俱进、不断更新，剔除不符合当前土地管理发展形势的旧条款、旧规定，增补已经出台的新政策、新规定。针对上一版规程执行过程中发现的问题，吐故纳新，对规程进行适度修订。导入新的政策与规定，同时又保持规程风格和主要内容的一贯性和连续性，尽量减少各地执行新规程的困难。

土地基本术语等 6 项标准修订后，将显著提高国土资源管理标准化技术水平，解决当前国土资源管理技术标准标龄长、老化严重、结构不合理等突出问题，更好地发挥土地资源节约集约利用技术对土地资源利用和社会经济持续发展的支撑作用，产生良好的技术、经济和社会效益。《地籍调查规程》紧密结合国土资源部正在推进的不动产统一登记工作，规定了城镇、农村地籍调查的相关技术方法，探索了相关技术标准，为不动产统一登记工作中编写《权籍调查规程》奠定基础。